陈学忠

川派中医药名家系列丛书

主编 ◎ 杨 霞

西南交通大学出版社
·成 都·

图书在版编目（CIP）数据

川派中医药名家系列丛书. 陈学忠 / 杨霞主编.
成都：西南交通大学出版社，2025.1. -- ISBN 978-7-5774-0306-9

Ⅰ. K826.2；R249.7

中国国家版本馆 CIP 数据核字第 2025J7P171 号

Chuanpai Zhongyiyao Mingjia Xilie Congshu　Chenxuezhong
川派中医药名家系列丛书　　陈学忠

	策划编辑 / 李芳芳　黄淑文　张少华
主编 / 杨　霞	责任编辑 / 李芳芳
	助理编辑 / 王攀月
	封面设计 / 原谋书装

西南交通大学出版社出版发行
（四川省成都市金牛区二环路北一段 111 号西南交通大学创新大厦 21 楼　610031）
营销部电话：028-87600564　　028-87600533
网址：https://www.xnjdcbs.com
印刷：四川煤田地质制图印务有限责任公司

成品尺寸　170 mm×240 mm
印张　11.5　　插页　4
字数　176 千
版次　2025 年 1 月第 1 版　　印次　2025 年 1 月第 1 次

书号　ISBN 978-7-5774-0306-9
定价　48.00 元

图书如有印装质量问题　本社负责退换
版权所有　盗版必究　举报电话：028-87600562

陈学忠教授

拜师仪式

陈学忠父亲赠子存念

陈学忠与蒲辅周学生胡翔林老师合影　　陈学忠与研究生导师叶望云、钱振坤、舒沪英合影

陈学忠参加首届全国中西医结合研究生班合影

陈学忠与吴咸中院士合影

陈学忠带教外籍学生

陈学忠受邀访问香港中文大学

陈学忠受邀访问新加坡中医学院

陈学忠与参加国家重点研发计划中医药现代化研究重点专项专家合影

陈学忠1976年在泸州医学院（现西南医科大学）学习期间合影

编委会

《川派中医药名家系列丛书》编委会

总 主 编：田兴军　　杨殿兴

副总主编：李道丕　　张　毅　　和中浚

总 编 委：尹　莉　　陈　莹

编写秘书：彭　鑫　　贺　飞　　邓　兰

《陈学忠》编委会

主　编：杨　霞

副主编：苏　凯　　邹景霞

编　委：李　莉　　吴　俊　　于潇涵
　　　　娄伦田　　刘　浩　　王　毅
　　　　李明秀　　文秀华　　陈红霞
　　　　蔡苇叶　　杨文黎

总序——加强文化建设，唱响川派中医

四川，雄踞我国西南，古称巴蜀，成都平原自古就有天府之国的美誉，天府之土，沃野千里，物华天宝，人杰地灵。

四川号称"中医之乡、中药之库"，巴蜀自古出名医、产中药，据历史文献记载，从汉代至明清，见诸文献记载的四川医家有1000余人，川派中医药影响医坛2000多年，历久弥新；川产道地药材享誉国内外，业内素有"无川（药）不成方"的赞誉。

医派纷呈，源远流长

经过特殊的自然、社会、文化的长期浸润和积淀，四川历朝历代名医辈出，学术繁荣，医派纷呈，源远流长。

汉代以涪翁、程高、郭玉为代表的四川医家，奠定了古蜀针灸学派，郭玉为涪翁弟子，曾任汉代太医丞。涪翁为四川绵阳人，曾撰著《针经》，开巴蜀针灸先河，影响深远。1993年，在四川绵阳双包山汉墓出土了最早的汉代针灸经脉漆人；2013年，在成都老官山再次出土了汉代针灸漆人和920支医简，带有"心""肺"等线刻小字的人体经穴髹漆人像是我国考古史上首次发现，应是迄今我国发现的最早、最完整的经穴人体医学模型，其精美程度令人咋舌！又一次证明了针灸学派在巴蜀的渊源和影响。

四川山清水秀，名山大川遍布。道教的发祥地青城山、鹤鸣山就坐落在成都市。青城山、鹤鸣山是中国的道教名山，是中国道教的发源地之一，自东汉以来历经2000多年，不仅传授道家的思想，道医的学术思想也因此启蒙产生。道家注重炼丹和养生，历代蜀医多受其影响，一些道家也兼行医术，如晋代蜀医李常在、李八百，宋代皇甫坦，以及明代著名医家韩懋（号飞霞道人）等，可见丹道医学在四川影响深远。

川人好美食，以麻、辣、鲜、香为特色的川菜享誉国内外。川人性喜自在休闲，养生学派也因此产生。长寿之神——彭祖，号称活了800岁，相传他经历了尧舜夏商诸朝，据《华阳国志》载，"彭祖本生蜀""彭祖家其彭蒙"，由此推断，彭祖不但家在彭山，而且他晚年也落叶归根于此，死后葬于彭祖山。彭祖山坐落在眉山市彭山区，彭祖的长寿经验在于注意养生锻炼，他是我国气功的最早创始人，他的健身法被后人写成《彭祖引导法》；他善烹饪之术，创制的"雉羹之道"被誉为"天下第一羹"，屈原在《楚辞·天问》中写道："彭铿斟雉，帝何飨？受寿永多，夫何久长？"反映了彭祖在推动我国饮食养生方面所做出的贡献。五代、北宋初年，著名的道教学者陈希夷，是四川安岳人，著有《指玄篇》《胎息诀》《观空篇》《阴真君还丹歌注》等。他注重养生，强调内丹修炼法，将黄老的清静无为思想、道教修炼方术和儒家修养、佛教禅观汇归一流，被后世尊称为"睡仙""陈抟老祖"。现安岳县有保存完整的明代陈抟墓，有陈抟的《自赞铭》，这是全国独有的实物。

四川医家自古就重视中医脉学，成都老官山2012年冬出土的汉代医简中就有《逆顺五色脉臧验精神》一书，其余几部医简经整理定名为《脉书·上经》《脉书·下经》《刺数》《犮理》《治六十病和齐汤法》《疗马书》。学者经初步考证推断极有可能为扁鹊学派已经亡佚的经典书籍。扁鹊是脉学的倡导者，而此次出土的医书中脉学内容占有重要地位，一起出土的还有用于经脉教学的人体模型。唐代杜光庭著有脉学专著《玉函经》三卷，以后王鸿骥的《脉诀采真》、廖平的《脉学辑要评》、许宗正的《脉学启蒙》、张骥的《三世脉法》等，均为脉诊的发展做出了贡献。

昝殷，唐代四川成都人。昝氏精通医理，通晓药物学，擅长妇产科。唐大中年间，他将前人有关经、带、胎、产及产后诸证的经验效方及自己临证验方共378首，编成《经效产宝》三卷，是我国最早的妇产学科专著。加之北宋时期的著名妇产科专家杨子建（四川青神县人）编著的《十产论》等一批妇产科专论，奠定了巴蜀妇产学派的基石。

宋代，以四川成都人唐慎微为代表撰著的《经史证类备急本草》，集宋代本草之大成，促进了本草学派的发展。宋代是巴蜀本草学派的繁荣发展时期，陈承的《补注神农本草并图经》，孟昶、韩保昇的《蜀本草》等，丰富、发展了本草学说，明代李时珍的《本草纲目》正是在此基础上产生的。

宋代也是巴蜀医家学术发展最活跃的时期。四川成都人、著名医家史崧献出了家藏的《灵枢》，并进行校正、音释后，由朝廷刊印颁行，为中医学发展做出了不可估量的贡献，可以说，没有史崧的奉献就没有完整的《黄帝内经》。虞庶撰著的《难经注》、杨康侯的《难经续演》，为医经学派的发展奠定了基础。

史堪，四川眉山人，为宋代政和年间进士，官至郡守，是宋代士人而医的代表人物之一，与当时的名医许叔微齐名，其著作《史载之方》为宋代重要的名家方书之一。同为四川眉山人的宋代大文豪苏东坡，也有《苏沈内翰良方》（又名《苏沈良方》）传世，是宋人根据苏轼所撰《苏学士方》和沈括所撰《良方》合编而成的中医方书。加之明代韩懋的《韩氏医通》等方书，一起成为巴蜀医方学派的代表。

四川盛产中药，川产道地药材久负盛名，以回阳救逆、破阴除寒的附子为代表的川产道地药材，既为中医治病提供了优良的药材，也孕育了以附子温阳为大法的扶阳学派。清末四川邛崃人郑钦安提出了中医扶阳理论，他的《医理真传》《医法圆通》《伤寒恒论》为奠基之作，开创了以运用附、姜、桂为重点药物的温阳学派。

清代西学东渐，受西学影响，中西汇通学说开始萌芽，四川成都人唐宗海以敏锐的目光捕捉西学之长，融汇中西，撰著了《血证论》《医经精义》《本草问答》《金匮要略浅注补正》《伤寒论浅注补正》，后人汇为《中西汇通医书五种》，成为"中西汇通"的第一种著作，也是后来人们将主张中西医兼容思想的医家称为"中西医汇通派"的由来。

▎名医辈出，学术繁荣

新中国成立后，历经沧桑的中医药受到党和国家的高度重视，在教育、医疗、科研等方面齐头并进，一大批中医药大家焕发青春，在各自的领域里大显神通，中医药事业欣欣向荣。

四川中医教育的奠基人——李斯炽先生，在1936年创办的"中央国医馆四川分馆医学院"（简称"四川国医学院"）中，先后担任过副院长、院长，担当大任，艰难办学，为近现代中医药人才的培养立下了汗马功劳。该院为国家批准的办学机构，虽属民办但带有官方性质。四川国医学院也是成都中医学院（现成都中医药大学）的前身，当时汇集了一大批中医药的仁人志士，如内科专家李斯炽、伤寒专家邓绍先、中药专家凌一揆等，还有何伯勋、杨白鹿、易上达、王景虞、周禹锡、肖达因等一批蜀中名医，可谓群贤毕集，盛极一时。共招生13期，培养高等中医药人才1000余人，这些人后来大多数都成为新中国成立后的中医药领军人物，成了四川中医药发展的功臣。

1955年国家在北京成立了中医研究院，1956年在全国西、北、东、南各建立了一所中医学院，即成都、北京、上海、广州中医学院。成都中医学院第一任院长由周恩来总理亲自任命。李斯炽先生继担任四川国医学院院长之后又成为成都中医学院的第一任院长。成都中医学院成立后，在原国医学院的基础上，又汇集了一大批有造诣的专家学者，如内科专家彭履祥、冉品珍、彭宪章、傅灿冰、陆干甫，伤寒专家戴佛延，医经专家吴棹仙、李克光、郭仲夫，中药专家雷载权、徐楚江，妇科专家卓雨农、曾敬光、唐伯渊、王祚久、王渭川，温病专家宋鹭冰，外科专家文琢之，骨、外科专家罗禹田，眼科专家陈达夫、刘松元，方剂专家陈潮祖，医古文专家郑孝昌，儿科专家胡伯安、曾应台、肖正安、吴康衡，针灸专家余仲权、薛鉴明、李仲愚、蒲湘澄、关吉多、杨介宾，医史专家孔健民、李介民，中医发展战略专家侯占元等。真可谓人才济济，群星灿烂。

北京成立中医高等院校、科研院所后，为了充实首都中医药人才的力量，四川一大批中医名家进驻北京，为国家中医药的发展做出了巨大贡献，也展现了四川中医的风采！如蒲辅周、任应秋、王文鼎、王朴城、王伯岳、冉雪峰、杜自明、李重人、叶心清、龚志贤、方药中、沈仲圭等，各有专精，影响广泛，功勋卓著。

北京四大名医之首的萧龙友先生，为四川三台人，是中医界最早的学部委员（院士，1955年）、中央文史馆馆员（1951年），集医道、文史、书法、收藏等为一身，是中医界难得的全才！其厚重的人文功底、精湛的医术、精美的书法、高尚的品德，可谓"厚德载物"的典范。2010年9月9日，故宫博物院在北京为萧龙友先生诞辰140周年、逝世50周年，隆重举办了"萧龙友先生捐赠文物精品展"，以缅怀和表彰先生的收藏鉴赏水平和拳拳爱国情怀。萧龙友先生是一代举子、一代儒医，精通文史，书法绝伦，是中国近代史上中医界的泰斗、国学家、教育家、临床大家，是四川的骄傲，也是我辈的楷模！

▎追源溯流，振兴川派

时间飞转，掐指一算，我自1974年赤脚医生的"红医班"始，到1977年大学学习、留校任教、临床实践、跟师学习、中医管理，入中医医道已40年，真可谓弹指一挥间。俗曰：四十而不惑，在中医医道的学习、实践、历练、管理、推进中，我常常心怀感激，心存敬仰，常有激情冲动，其中最想做的一件事就是将这些中医药实践的伟大先驱者，用笔记录下来，为他们树碑立传、歌功颂德！缅怀中医先辈的丰功伟绩，分享他们的学术成果，继承不泥古，发扬不离宗，认祖归宗，又学有源头，师古不泥，薪火相传，使中医药源远流长，代代相传，永续发展。

今天，时机已经成熟，四川省中医药管理局组织专家学者，编著了大型中医专著《川派中医药源流与发展》，横跨2000年的历史，梳理中医药历史人物、著作，以四川籍（或主要在四川业医）有影响的历史医家和著作为线索，理清历史源流和传承脉络，突出地方中医药学术特点，认祖归宗，发扬传统，正本清源，继承创新，唱响川派中医药。其中，"医道溯源"是以"民国"前的川籍或在川行医的中医药历史人物为线索，介绍医家的医学成就和学术精华，作为各学科发展的学术源头。"医派医家"是以近现代著名医家为代表，重在学术流派的传承与发展，厘清流派源流，一脉相承，代代相传，源远流长。《川派中医药源流与发展》一书，填补了川派中医药发展整理的空白，集四川中医药文化历史和发展现状之大成，理清了川派学术源流，为后世川派的研究和发展奠定了坚实的基础。

我们在此基础上，还编著了"川派中医药名家系列丛书"，汇集了一大批近现代四川中医药名家，遴选他们的后人、学生等整理其临床经验、学术思想编辑成册。预计编著一百人，这是一批四川中医药的代表人物，也是难得的宝贵文化遗产，今天，经过大家的齐心努力终于得以付梓。在此，对为本系列书籍付出心血的各位作者、出版社编辑人员一并致谢！

由于历史久远，加之编撰者学识水平有限，书中罅、漏、舛、谬在所难免，敬望各位同仁、学者，提出宝贵意见，以便再版时修订提高。

中华中医药学会　　副会长
四川省中医药学会　　会长
四川省中医药管理局　原局长
成都中医药大学教授　博士导师

2015年春初稿
2022年春修定于蓉城雅兴轩

张毅序

陈学忠主任是我在四川省中医药研究院中医研究所（四川省中医药研究院中医医院）原代理主持工作期间熟识的，算起来已超过20年了。当时，该研究所许多人还在观望、等待、讨论、迷茫的时候，他很快理顺自己学术、医疗发展思路，并立即付诸实践，创立了中医医院老年科。根据"五脏之伤，穷必及肾""肾为先天之本"的中医理论，借鉴前贤"血瘀"研究成果，坚持自己临床实践探索，把"肾虚血瘀"理论深化，提出了"生理性肾虚血瘀""病理性肾虚血瘀""潜在性肾虚血瘀"学术观点，从观点酝酿、文字提出、试验佐证、学术研究、实践证明、理论提升、推广验证诸路径，让这些学术、观点在中西医结合老年病临床和研究过程中不断升华、不断完善、不断创新、自成系统，成为省内外许多中医医院的老年疾病临床、研究的学术指导、临床圭臬。

学忠主任在培养中西医结合人才方面，做出了许多有益的、卓有成效的工作。首先，为现在的四川省第二中医医院老年学科培养了一批人才，他的学生，大多已经成为各医院新的科室主任、新的学术带头人；他为成都市双流区、青白江区、新都区、龙泉驿区、温江区、大邑县，眉山市彭山区、德阳市什邡市、乐山市犍为县和海南省澄迈县等省内外中医医院，培养了大批技术骨干和老年科的领军人物，我认识的知名专家中，不乏学忠主任培养出来的人才，可见他的影响之大。

无论什么医学，均应基于临床实践、基于临床疗效，光说不做不行。我的观点是"谁愿意干事，就支持谁"。我们应该大力倡导学忠主任这种乐意干事、勤于钻研、坚持学习、善于思考、勇于实践的学风，促使中医界动起来，推进中医药事业、中医学术的发展和进步；我们应该大力提倡中医医院员工热爱医院、热爱中医、研究中医、实践中医、发展中医的精神；倡导愿意干事、敢于干事、善于干事，坚持不懈，把事干成再议论的医院风气。

川派中医药名家系列丛书之《陈学忠》客观反映了学忠主任的学术思想、学术观点、临床经验、研究成果，全面展现了其学术成就，值得一读。故我乐于将他推荐给读者。

四川省中医药科学院　张毅
2023 年 9 月 6 日

编写说明

我有幸成为川派中医药名家系列丛书之《陈学忠》主编，倍感荣幸。二十年前大学毕业到四川省中医研究院中医研究所工作，跟随陈老师临证学习，开启了我的"西学中"之路，也开始了我与陈老师的师生之缘。陈老师谦虚好学，古为今用，衷中参西，传承创新，医术精湛，无私传授，诲人不倦，是我传道授业解惑之师；他对工作认真负责，对病人和蔼可亲，对学术研究严谨求实，更使我受益终身。

应本系列丛书的要求与本书编委会的设计，本书从陈学忠老师"生平简介""临床经验""学术思想""学术传承""论文提要""学术年谱"六个部分介绍陈学忠的学术思想及其传承研究。详细记载了其生平及其在医教研方面的成就。"医话"是通过对疾病诊治思路的论述来反映陈学忠的独特诊治理论。"医案"则由陈学忠名医工作室传承人侍诊过程中记载整理，并选取其中代表陈学忠临床经验的精华部分组成，与"医话"部分相互印证，便于读者结合"医话"部分的分析方法活学活用、举一反三。"学术思想"是本书主编在第六批全国老中医药专家陈学忠学术经验师承学习期间，通过对陈学忠临床经验的整理升华所得。"学术传承"记载了第三、四、六批全国老中医药专家陈学忠学术经验传承人对陈学忠学术的传承和发展。另外，着重论述陈学忠老师既往发表论文详情，足以体现陈学忠学术发展轨迹，也能与"学术年谱"一道，充分反映陈学忠的从医之路。

本课题来源于四川省中医药管理局"川派名医陈学忠学术思想临床经验整理

研究",为本书的编写及出版提供了理论指导和资金保障。感谢恩师20年的谆谆教导；感谢副总主编张毅教授的大力帮助；感谢四川省第二中医医院心内科、老年科同仁的辛勤付出。由于编者水平有限，恐有疏漏，敬请同道提出宝贵意见，以便再版时修订完善。

四川省第二中医医院 杨霞

2023年10月6日

目 录

生平简介 ······ 001
临床经验 ······ 007
 一、医 案 ······ 009
  （一）外感病证 ······ 009
  （二）肺系病证 ······ 021
  （三）心脑系病症 ······ 030
  （四）脾胃系病症 ······ 047
  （五）肾系病症 ······ 059
  （六）气血津液病症 ······ 064
  （七）肢体经络病症 ······ 075
  （八）皮肤系病症 ······ 086
  （九）杂 病 ······ 093
 二、医 话 ······ 104
学术思想 ······ 109
 一、肾虚血瘀致衰老学说 ······ 111
 二、肾虚血瘀理论与心脑血管疾病 ······ 117
 三、辨证与辨病相结合，中西互参 ······ 120
 四、推崇经方、灵活运用 ······ 121

五、升降温里法治疗脾胃疾病 …………………………………… 122
　　六、开郁和中法治疗郁证 ………………………………………… 123
　　七、特殊疾病，善用重剂，不畏相畏相杀 ……………………… 123
学术传承 …………………………………………………………………… 127
论著提要 …………………………………………………………………… 137
　　一、论　文 ………………………………………………………… 139
　　二、代表著作 ……………………………………………………… 167
学术年谱 …………………………………………………………………… 169

# 生平简介

川派中医药名家系列丛书

陈学忠

陈学忠（1953—），男，四川成都人，出身于书香世家。其祖父与父亲热爱中医，父亲从事医疗工作，亦是书法大家，常买回中医书籍，因此自幼家中中医氛围浓厚，陈学忠少时便立志从医。在青少年时期，陈学忠喜读医书，尤喜欢中医，为后来从医奠定了基础。20世纪60年代末，陈学忠在仁寿知青下乡期间，面对当地医疗条件差，缺少医者的状况，他主动运用自己的中医知识，使用草药为当地农民看病。他一边研读中医经典，一边经望闻问切的临床实践，仔细为患者看病。他经常用《伤寒论》所载经方治病，方中药物简单，易于在田野等采摘。由于条件限制，经常会有缺药情况，陈学忠运用所学知识，开始尝试用针灸治病。他针灸治疗时，讲究选穴精而少，取穴准、手法稳，为当地许多百姓解决了"痛症"困扰。1970年回城以后到四川化工机械厂工作，1年后机缘巧合被送到成都中医学校进修学习。在此期间，他有幸跟师于蒲辅周的学生胡翔林和袁怡云，深受蒲辅周学术思想影响。学习归来后，他在该厂职工医院中医科坐诊，每天看诊多达六七十人。在临床实践中，他逐渐认识到自己所学有限，为了进一步提升自己的医学水平，遂于1976年进入泸州医学院（现西南医科大学）学习西医知识。他通过系统学习，掌握了扎实的西医理论基础与临床技能，同时也深刻认识到中医的博大精深与独特价值，不能单纯用现代医学解释，若中西医理论相结合用于临床实践，不仅能提高西医疗效，同时还能阐明中医辨证论治机理，于是开始潜心致力于中西医结合研究。1982年，陈学忠考入同济医科大学中西医结合专业首届研究生班，攻读硕士学位，在校期间跟随钱振坤、舒沪英、叶望云、李鸣真等国内知名中西医结合专家，开始涉及老年病的研究，特别是虚证衰老和心脑血管疾病的研究，为后来提出"肾虚血瘀"理论打下了坚实的基础。硕士毕业后进入现四川省中医药科学院中医研究所工作，得到蒋慧筠、廖孔禹、郭之砾、姚邦元等老一辈中西医结合专家指导，后来进入四川省中西医结合学会时，又得到吴康衡、陈绍宏、李廷谦等大家的指导。陈学忠经常利用开会等见面的机会虚心向前辈们请教，听取他们的治病心得，遇到罕见、疑难的病例，便详细地记录下来，然后查阅文献，以便临证运用。至今陈学忠仍坚持每天早晚读经典、看医案，白天坐诊、查房，在理论学习与临床实践中不断地探索，成为一名川派名医。

陈学忠曾担任四川省中医药科学院中医研究所（四川省第二中医医院）

老年病科主任，四川省中医药老年病防治中心主任。第三、四、六批全国老中医药专家学术经验继承工作指导老师、全国优秀临床人才指导老师，全国名老中医传承工作室建设项目专家、四川省及成都市老中医药专家学术经验继承工作指导老师。国家中医药管理局临床重点专科学术带头人、四川省名中医，成都中医药大学及西南医科大学硕士生导师，成都中医药大学护理学院客座教授，成都医学院专家服务基地学术导师，省干部保健中心专家组成员，成都中医药专家顾问团成员。荣获全国卫生系统先进工作者、国务院政府津贴、中国中西医结合学会突出贡献奖、四川省有突出贡献的优秀专家、四川省中医药发展先进个人、四川省学术和技术带头人、四川省卫生厅直属机关优秀共产党员、中医中药中国行活动先进工作者等荣誉称号。曾担任中国中西医结合学会理事、中国中西医结合学会虚证与老年医学专委会委员、中国中西医结合学会养生学与康复医学专委会常务委员、中国中西医结合学会科研院所工作委员会委员、四川省中西医结合学会副会长及常务理事、四川省老年医学会副会长及中西医结合专委会主任委员、四川省中西医结合学会学术委员会主任及老年病专委会名誉主任委员。

陈学忠从事临床、教学、科研近50年，承担国家自然科学基金、国家教委和省局级课题20余项。2004年健脑通脉胶囊获国家药监局临床批文及四川省科技进步三等奖，以"补肾化瘀"为治法的复方中药，荣获3项中国发明专利证书。公开发表《益肾化瘀方治疗冠心病心绞痛的临床观察》《中医虚证与红细胞免疫功能的初步研究》《论肾虚血瘀与衰老》《肾虚血瘀与老年心脑血管疾病》《论老年肾虚与血瘀》《中医衰老理论的继承和发展》《活血化瘀延缓衰老的研究》《生理性肾虚血瘀与衰老》《现代中药复方健脑通脉胶囊制剂及药理研究》等论文60篇。著有《肾虚血瘀理论的实践与探索》等专著4部。

陈学忠因其精湛的医术得到病家的称赞，他也注重传道授业。他创建了全国名老中医传承工作室，培养中医药传承型人才，在四川省双流区、新都区、彭山区、大邑县、郫都区、龙泉驿区、温江区、什邡市、犍为县、青白江区和海南省澄迈县等省内外中医医院建立了名中医工作室，接收省内外学员近千人。学生中既有学术界后起之秀，如博士后、博士，也有临床一线的中坚力量，如全国优才、省市县名中医及社区基层医师。陈学忠在教学同时不忘育人，言传身教，常常以"上善若水、大医精诚"自勉和鼓励学生，教导学生要勤学苦练、持之以恒，使其受益匪浅，深得学员尊敬。他培养的很多学生成了各医院的骨干人员，为医疗事业培养了一批批中坚力量。

陈学忠擅长用中西医结合法诊治疾病，多年来潜心研究衰老理论，在国内率先提出了"生理性血瘀""生理性肾虚血瘀""隐潜性肾虚血瘀证""老年肾虚血瘀综合征"等新概念，逐渐形成了"肾虚血瘀"理论，提出了"补肾化瘀"为主要治则以防治老年病、延缓衰老的思路。

陈学忠对中医经典条文倒背如流，最喜爱《伤寒杂病论》《医林改错》等经典书籍，认为古代经典医著是学习中医的基础，基于书中所著，对久治不愈、"百方治之无一效者"从瘀而治，再结合实验室微观检测，提出"肾虚血瘀"是老年心脑血管疾病的基本病理基础。通过这样的认识，他在临床治疗中，对疾病辨证，运用"补肾化瘀"治则治疗心脑血管疾病，为疾病的治疗提出了新思路。他研制出了"补肾健脑、活血化瘀"治疗脑血管疾病的健脑通脉片，"补肾强心、活血化瘀"治疗冠心病的参芪冠心片，"补肾填精、软脉化斑"防治颈动脉斑块的软脉化斑汤。陈学忠善用经方，活用古方，自创新方，辨证精准中注重灵活变通，不拘泥于古方，因病立法，因法选药，遣药成方，方证相对，形成专病专方。他在疾病诊治中善抓主要矛盾，根据病情分阶段治疗，用方专一，力量集中，对于疑难杂症善用阴阳气血动态辨证，疗效显著，药味不多而更看重剂量配比，用药大胆而精准。

随着其学术影响越来越大，他不仅在内地备受关注，在港澳也受到了欢迎。香港亚洲电视台曾专程到成都以"老年病动脉硬化症、老年痴呆、衰老的防治"为题，采访了陈学忠及其患者，录制了专题片，在香港播出后引起了较大的反响。陈学忠先后受邀到香港中文大学、南非中医药研究院、新加坡中医学院进行学术交流，为传播中医药文化、推动中医药国际化进程贡献了自己的力量。

"路漫漫其修远兮，吾将上下而求索"，陈学忠以这句古语自勉，同时激励无数后来者不断前行。在未来的日子里，他将继续秉持着对中医药事业的热爱与执着，以更加饱满的热情和坚定的步伐在医学上不断攀登新的高峰。

川派中医药名家系列丛书

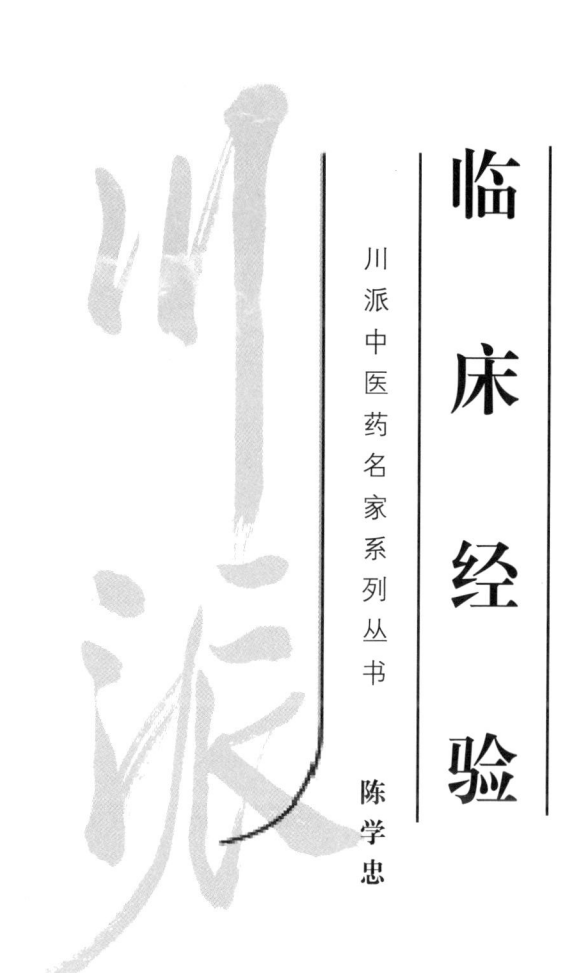

临床经验

陈学忠

一、医　案

（一）外感病证

1. 小柴胡汤治疗感冒

贺某，女，39岁，因"鼻塞、流涕2天"就诊。2天前患者不慎受凉后出现鼻塞，流清涕，自觉喉中有痰，双耳闭塞感。无恶寒、发热、咳嗽等不适，自行服用"三九感冒冲剂"后无明显缓解。纳眠可，二便调。舌体略胖大，浅齿印，舌质淡，苔薄白，脉弦。

诊断：感冒。

辨证：少阳枢机不利。

治法：和解少阳。

方剂：小柴胡汤加味。

药物：

柴胡 15 g	黄芩 15 g	法半夏 15 g	党参 30 g
炙甘草 15 g	大枣 30 g	生姜 3 片	桔梗 20 g
白芷 30 g	川芎 30 g	远志 15 g	石菖蒲 30 g

3剂，水煎服，一日一剂，一日三次。

二诊：双耳闭塞感明显缓解，鼻塞、流涕均减轻，纳眠可，二便调。舌体略胖大浅齿印，舌质淡，苔薄白，脉弦。原方柴胡加至20 g，加蝉蜕15 g，具体方药如下：

柴胡 20 g	黄芩 15 g	法半夏 15 g	党参 30 g
炙甘草 15 g	大枣 30 g	生姜 3 片	桔梗 20 g
白芷 30 g	川芎 30 g	远志 15 g	石菖蒲 30 g
蝉蜕 15 g			

3剂，水煎服，一日一剂，一日三次。

三诊：服药后诸症明显缓解，稍怕风，纳眠可，二便调，舌体略胖大浅齿印，舌质淡，苔薄白，脉弦缓。原方加桂枝15 g、白芍15 g，体现柴胡桂枝汤之意，患病后期以桂枝汤调和营卫。

按语：患者鼻塞、流涕、耳闭，太阳经之邪未尽，传入少阳，少阳枢机不利，气机郁滞，耳窍不通则见耳闭，正如《伤寒论·辨少阳病脉证并治》篇云："少阳中风，两耳无所闻，目赤，胸中满而烦者。"太阳之邪未尽，风邪上受，首先犯肺，肺开窍于鼻，在液为涕，外邪袭肺，肺失宣发，肺津不化，则见鼻塞流涕；喉为肺之门户，赖肺津滋养，肺津化生失常，则见咽喉痰粘感。结合患者舌脉之象，四诊合参，当辨证为少阳枢机不利证，治疗当予和解少阳，方予小柴胡汤加味。

《伤寒论》第96条云："伤寒五六日中风，往来寒热，胸胁苦满，嘿嘿不欲饮食，心烦喜呕，或胸中烦而不呕，或渴，或腹中痛，或胁下痞硬，或心下悸、小便不利，或不渴、身有微热，或咳者，小柴胡汤主之。"小柴胡汤为和解少阳，祛邪扶正之方，方中黄芩降胆经之上逆；柴胡升三焦经之下陷；法半夏、生姜降胃经之逆；参、枣、炙甘草补中气生津液；全方升中有降，补中以调升降，此为和解治法也。诸窍以通为用，不通则功能失调，出现耳闭、鼻塞等不适，故陈老在方中加入开窍药，以白芷辛、温、芳香开窍；加入远志，叶天士《本草经解》中云其"气温益阳，阳主开发，故利九窍，九窍者，耳目鼻各二，口大小便各一也"。加入石菖蒲，《神农本草经》中云其"味辛，温，主风寒湿痹，咳逆上气，开心孔，补五脏，通九窍，明耳目，出音声。久服轻身，不忘，不迷惑，延年"。加入川芎，其味辛，辛散以行气活血，行经脉之闭涩，以助开窍；加桔梗以宣肺利咽。二诊中加入蝉蜕加强通利耳窍之功。三诊时患者诸症基本消退，出现怕风不适，考虑病后失调，加桂枝、白芍调和营卫。《伤寒论》第12条云："太阳中风，阳浮而阴弱，阳浮者，热自发；阴弱者，汗自出。啬啬恶寒，淅淅恶风，翕翕发热，鼻鸣干呕者，桂枝汤主之。"桂枝汤为解肌发表，调和营卫之方，方中桂枝实表阳，调荣卫；芍药收敛荣气之疏泄，以交卫气为主；炙甘草补中气；生姜、大枣助胃气、补胃液，以调荣卫。而两方合用，即为柴胡桂枝汤，取二者所长，既可和解表里，疏利少阳气机，又可调和营卫。

2. 柴葛解肌汤治疗小儿感冒发热

李某，女，12岁，因"发热2天"就诊。2天前不慎受凉出现发热，最高体温为39.2 ℃，伴身痛，无畏寒、寒战、咽痛、咽干。精神欠佳，体温波动于37.5～39 ℃，大便3天未解，纳差。舌体略胖浅齿印，舌尖偏红，苔薄黄，脉浮数。

诊断：外感发热。
辨证：风温表证。
治法：辛凉解表。
方剂：柴葛解肌汤加味。

药物：柴胡 15 g　　葛根 80 g　　赤芍 10 g　　桔梗 10 g
　　　大枣 20 g　　白芷 15 g　　羌活 10 g　　石膏 30 g
　　　黄芩 10 g　　山楂 20 g　　生姜 2 片　　建曲 20 g

3 剂，水煎服，一日一剂，一日三次。

二诊：患儿服药后当晚烧退，发烧未反复，近两日出汗较多，大便正常，精神较前好转，舌质淡红，苔白，脉细缓。考虑感冒后期，太少合病，遂用柴胡桂枝汤调和阴阳，具体用药如下：

　　　柴胡 8 g　　　桂枝 8 g　　　白芍 10 g　　南沙参 20 g
　　　法半夏 10 g　　黄芩 10 g　　炙甘草 8 g　　大枣 15 g
　　　生姜 3 片　　　建曲 18 g　　焦山楂 18 g　　炒谷芽 15 g

3 剂，水煎服，一日一剂，一日三次。

后期回访，患者诸症已愈。

按语：外感发热是指感受六淫之邪或温热疫毒之气，导致营卫失和，脏腑阴阳失调，出现发热。外感发热起病急骤，多有 2 周左右的中度发热或高热，也有少数病例是微热，多伴见口干烦渴，尿少便秘，舌红少津等热伤津液之症。初诊时见患儿反复发热，热势持续时间长，且 3 日未解大便，精神差，舌体略胖大，浅齿印，舌尖偏红，苔薄黄，脉浮数。考虑外感温热疫毒之气，导致营卫失和，脏腑阴阳失调，出现发热。热陷三阳，遂用柴葛解肌汤治疗。方中葛根、白芷解阳明正病之邪；羌活解太阳不尽之邪；柴胡解少阳初入之邪；佐膏、芩治诸经热，而专意在清阳明；佐芍药敛诸散药而不令过汗；桔梗载诸药上行三阳；甘草和诸药通调表里。见患儿纳差，遂在原方基础上加建曲、焦山楂健脾开胃。药后回访，服药当晚大便已解，热亦退，复诊时诉近几日体温均正常，近两日出汗较多，大便正常，精神较前好转，舌质淡红，苔白，脉细缓。考虑三阳之中阳明已解，现太少合病，余邪未尽，遂用柴胡桂枝汤和解少阳，通达表里。柴胡桂枝汤是《伤寒论》中治疗太阳和少阳并病的方剂，是由小柴胡汤合桂枝汤各半量而组成，主要用于太阳少阳合病引起的发热恶寒、肢体疼痛等症。方中柴胡透解邪热，疏达经气；桂枝解肌发表，散外感风寒，又用芍药为臣，益阴敛营。桂、芍相合，一治卫强，一治营弱，合则调和营卫，是相须为用。法半夏和胃降逆；黄芩清泄邪热；南沙参、炙甘草扶助正气，抵抗病邪；姜、枣相合，还可以升腾脾胃生发之气而调和营卫，所以并为佐药。诸药合用，可使邪气得解，诸证均消。

3. 柴桂各半汤治疗发热

吴某，男，78岁，因"发热、畏寒1月"就诊。患者1月前因受凉出现咳嗽、咯痰、心累、气紧不适，前往当地医院予以西药治疗（具体不详），症状缓解不明显，随后出现午后开始阵阵发热，自测体温正常，伴畏寒、多汗，稍动则汗湿衣衫，怕风、口干、口苦，持续2~3小时后可自行缓解。食纳可，夜眠欠佳。舌体略胖大，齿印，舌质淡略暗，苔白，脉弦滑。

诊断：发热。

辨证：外有表寒，内有郁热，邪在半表半里。

治法：和解少阳，调和营卫。

方剂：柴桂各半汤加味。

药物：柴胡15 g　　桂枝15 g　　生晒参30 g　　白芍15 g

法半夏15 g　　黄芩15 g　　炙甘草12 g　　大枣30 g

生姜9 g

6剂，水煎服，一日一剂，一日三次。

二诊：患者诉午后发热感、畏寒较前明显好转，活动后汗出情况减少，持续约半小时方可自行缓解，口干、口苦均有所缓解。效不更方，继续服用3剂。

电话随访，患者上述症状完全消失。

按语：柴胡桂枝汤是由小柴胡汤和桂枝汤各取半量而成，见于《伤寒论》第146条云："伤寒六七日，发热微恶寒，肢节烦疼，微呕，心下支结，外证未去者，柴胡桂枝汤主之。"张仲景用其治疗太阳外证未去，而邪已入少阳的太阳少阳合病所致的发热恶寒、肢体疼痛等外感病症。《伤寒论》第96条云："伤寒五六日中风，往来寒热，胸胁苦满，嘿嘿不欲饮食，心烦喜呕，或胸中烦而不呕，或渴，或腹中痛，或胁下痞硬，或心下悸、小便不利，或不渴、身有微热，或咳者，小柴胡汤主之。"小柴胡汤为和解少阳、祛邪扶正之方，方中黄芩降胆经之上逆；柴胡升三焦经之下陷；半夏、生姜降胃经之逆；参、枣、炙草补中气生津液；全方升中有降，补中以调升降，此为和解治法也。《伤寒论》第12条云："太阳中风，阳浮而阴弱，阳浮者，热自发；阴弱者，汗自出。啬啬恶寒，淅淅恶风，翕翕发热，鼻鸣干呕者，桂枝汤主之。"桂枝汤为解肌发表、调和营卫之方，方中桂枝实表阳，调荣卫；芍药收敛荣气之疏泄，以交卫气为主；炙甘草补中气；生姜、大枣助胃气、补胃液，以调荣卫。两方合用，取二者所长，既可和解表里、疏利气机，又可调和营卫。该患者高龄，正气亏虚，感受外邪，表邪未解、营卫失和，见自觉发热，汗多，同时出现口干、口苦等症。陈老认为此乃外感风寒之邪未解，邪传少阳，遂果断处以柴桂各半汤，以桂枝汤调和营卫，以小柴胡汤和解少阳，太阳营卫得和，发热汗出自消，少阳经气舒利，则口干、口苦愈。

4. 柴葛解肌汤治疗感冒发热

果某，男，6岁，因"发热4天，肌痛1天"就诊。4天前，患儿无明显诱因夜间出现发热，偶咳，无腹痛、腹泻，无头晕、头痛，无肢体活动障碍，无抽搐等其他不适，体温最高达39 ℃，查血常规、C反应蛋白（CRP）未见明显异常，扁桃体未见明显红肿，双肺（-），服用美林后体温可降至正常，但发热反复。1天前出现左下肢疼痛，走路跛行，遂就诊于陈老处。刻诊：发热，少汗，下肢疼痛，偶咳，无明显畏寒，大便未解，舌红，苔稍黄，脉洪。

诊断：感冒。

辨证：外感风寒，郁而化热。

治法：辛凉解肌，兼清郁热。

方剂：柴葛解肌汤加减。

药物：柴胡 12 g　　煨葛根 40 g　　白芷 12 g　　羌活 12 g
　　　酒黄芩 12 g　芦根 30 g　　　生石膏 30 g　桔梗 12 g
　　　炙甘草 10 g　大枣 15 g　　　前胡 10 g

3剂，水煎服，一日一剂，一日三次。

患儿服药1剂后，热势明显减退，下肢痛消失。

按语：柴葛解肌汤出自《伤寒六书》，可用于治疗外感三阳经合病，表里同病，热邪入里，伤津伐正等热证发展的各个病理阶段。小儿脏腑娇嫩，形气未充，发病容易，传变迅速，易于感受热邪之后，邪气迅速入里，或表证未解合并里证，或伤津伐正，不及时救治易致惊厥、癫痫等邪热内陷心包或引动肝风而出现危象。柴葛解肌汤对于治疗小儿风温热病未入营血等证候均可化裁治之。

本案发生于天寒凛冽之时，风寒疠气最易乘隙袭人，从口鼻而入，起病急，传变快，太阳风寒未了，疫疠邪毒即入阳明、少阳，致阳明合病而成时行疫毒感冒。发病迅猛，变化多端，病情复杂，极易化热入里，即卫表肺系症状未罢而出现阳明、少阳证候。《药性赋》云"疗肌解表，干葛先而柴胡次之"，故重用葛根，其味辛能外透肌热，性凉能内解郁热；柴胡在《明医指掌》称之为"解肌要药"，其味辛性微寒，配合葛根解肌而外透郁热，又兼有疏畅气机之功；羌活、白芷散风寒，辛散发表，并止诸痛；石膏、黄芩清泄里热；葛根配石膏清透阳明之邪热；柴胡配黄芩透解少阳之邪热；桔梗宣畅肺气以利解表；大枣顾护胃气；生姜发散风寒；甘草调和诸药。诸药合用，共奏辛凉解肌、兼清郁热之效。

5. 开喑汤治疗声音嘶哑

刘某某，男，32岁，因"声音嘶哑1月余"就诊。患者自诉1月余前，因参加汇报演出，过度用嗓，多次淋雨后出现声音嘶哑，说话费力，气短，偶有咳嗽咯痰，量少，痰色黄白相间，时有疲倦乏力。无咽痛、咽痒。患者自行服用黄氏响声丸、川贝枇杷膏、罗汉果泡水，均无明显效果，声音嘶哑症状逐渐加重，甚则无声。纳可，眠差。舌质淡暗红，苔白，脉沉。

诊断：暴喑。

辨证：风寒化热。

治法：宣肺开喑。

方剂：开喑汤。

药物：麻黄 12 g　　细辛 10 g　　桔梗 30 g　　瓜蒌皮 15 g

　　　煨诃子 20 g　蝉蜕 15 g（后下）　木蝴蝶 12 g　炙甘草 15 g

　　　红花 10 g　　酒川芎 15 g　　大枣 30 g　　酒黄芩 15 g

3剂，每剂加生姜三片，水煎服，一日一剂，一日三次。

服药3剂后，病痊愈。患者自诉，服药一剂后，声音嘶哑好转，能小声发声；服药两剂后，声音基本恢复；服药三剂后，诸症皆消，能正常说话、唱歌。

按语：《千金方》云："风寒之气客于中，滞而不能发，故喑不能言。"患者以"声音嘶哑"为主要表现，属祖国医学"暴喑"范畴。《诸病源候论》云："中冷声嘶者，风冷伤于肺之所为也。……风冷为阴，阴邪搏于阳气，使气道不调流，所以声嘶也。"患者因参加汇报演出，过度用嗓，导致一时肺气亏虚，卫外不固，此时又多次淋雨，感受风寒之邪，风寒邪气遂乘机而入，邪壅经脉，气机阻滞，邪遏于肺，肺气不宣，金实不鸣。《景岳全书》云："声由气而发，肺病则气夺，此气为声音之户也。"患者寒邪闭阻，肺气闭郁，故见声音嘶哑。四诊合参，辨证为风寒化热证。患者发病1月余，此时风寒邪气已有化热之兆，故见咳嗽咯痰，痰少色白黄，邪气逐渐入里，故声音嘶哑症状日渐加重，风寒邪气耗伤阳气，加之患者过度劳累，故见疲倦、乏力。肺气闭郁，血脉不通，故见瘀象。患者病因为风寒束肺，故投清热利咽、滋阴润肺之品无效。治疗上予以开喑汤。陈老的开喑汤由麻黄、细辛、桔梗、瓜蒌皮、煨诃子、蝉蜕、木蝴蝶、红花、炙甘草等中药组成。方中麻黄辛温，解表散寒，去除腠理之寒邪，宣发肺气；细辛芳香走窜通鼻窍，开宣肺气，祛风散寒，助麻黄解表；桔梗开雍行滞，宣肺气以利咽喉；瓜蒌皮宽胸涤痰，宣畅气机；煨诃子、蝉蜕利咽开喑；木蝴蝶利咽清肺；红花、川芎活血祛瘀；黄芩去郁热；甘草、大枣补养气血。全方宣发肺气，利咽开喑，兼清郁热。使邪得以去，声得以复。

6. 抗过敏汤治疗过敏性鼻炎

白某某，女，26岁，因"反复鼻塞、流涕1年余，加重1周"就诊。患者于1年余前无明显诱因出现鼻塞、流清鼻涕，有时是单侧鼻塞，有时是双侧鼻塞。自行服药（具体用药不详）后无明显改善。到当地医院耳鼻喉科就诊后，诊断为"过敏性鼻炎"。症状严重时不停流眼泪、流鼻涕，严重时连续10多个喷嚏不间断，夜间都会醒来不停地擦鼻涕，伴觉咽喉部不适，严重影响其生活和工作。半年前开始出现嗅觉减退，用过多种口服药、外用喷鼻激素，仍无明显改善。1周前因天气变化，上述症状加重。刻诊：鼻塞、流清涕、喷嚏、咽喉部不适，体形偏胖，面色㿠白，舌体胖大齿印，舌质淡，苔薄白，脉细弱。

诊断：鼻鼽。

辨证：卫阳不足，肺气不宣。

治法：温阳散寒，宣通肺气。

方剂：自拟抗过敏汤加减。

药物：麻黄 12 g　　细辛 10 g　　五味子 12 g　　党参 30 g

　　　桔梗 30 g　　附片 30 g（久煎）黄芪 30 g　　桂枝 15 g

　　　白芍 15 g　　白芷 15 g　　大枣 30 g　　炙甘草 12 g

　　　生姜 3 片

4 剂，水温服，一日一剂，一日三次。

二诊：患者诉鼻塞、打喷嚏、流鼻涕、咽喉部不适症状明显好转，诉前额少许疼痛不适，偶有黄色痰液咯出。面色㿠白，舌体胖大齿印，舌质淡，苔薄白。在前方的基础上加大白芷用量为 30 g，桔梗用量减少为 15 g，加黄芩 15 g 清肺热。具体用药如下：

　　　麻黄 12 g　　细辛 10 g　　五味子 15 g　　党参 30 g

　　　桔梗 15 g　　附片 30 g（久煎）黄芪 30 g　　桂枝 15 g

　　　白芍 15 g　　白芷 30 g　　大枣 30 g　　黄芩 15 g

　　　炙甘草 15 g　　生姜 3 片

4 剂，水温服，一日一剂，一日三次。

10 天后电话追问患者现状，诉打喷嚏、流鼻涕、鼻塞明显好转，嗅觉处于恢复之中。

按语：该医案中患者青年女性，病程长，素体阳虚，肺卫不固。肺主皮毛，开窍于鼻，患者阳气亏虚，不能化气行水，水湿停聚上犯清窍，溢出鼻外则可见打喷嚏、鼻流清涕、鼻塞等症状。治宜温阳散寒，宣通肺气。抗过敏方为陈老根据多年临床经验研究出来的自拟方，系麻黄细辛附子汤与桂枝汤合方加味。麻黄附子细辛汤为张仲景《伤寒论》中的经典名方，由麻黄、附子、细辛三味药组成，用以治疗阳虚感外寒的哮喘、鼻渊、风疹等。方中麻黄辛温，发汗解表，为君药；附子辛热，温肾助阳，为臣药。麻黄行表以开泄皮毛，逐邪于外；附子温里以振奋阳气，鼓邪达外。二药配合，相辅相成，为助阳解表的常用组合。细辛归肺、肾二经，芳香气浓，性善走窜，通彻表里，既能祛风散寒，助麻黄解表，又可鼓动肾中真阳之气，协附子温里，为佐药。三药并用，补散兼施，使外感风寒之邪得以表散，在里之阳气得以维护，则阳虚外感可愈。桂枝汤同样出自《伤寒论》，由桂枝、白芍、生姜、大枣、甘草组成，具有辛温解表、解肌发表、调和营卫之功效。桂枝为君药，解肌发表，散外感风寒。又用芍药为臣，益阴敛营。桂、芍相合，一治卫强，一治营弱，合则调和营卫，是相须为用。生姜辛温，既助桂枝解肌，又能暖胃止呕；大枣甘平，既能益气补中，又能滋脾生津。姜、枣相合，还可以升腾脾胃生发之气而调和营卫，所以并为佐药。炙甘草之用有二：一为佐药，益气和中，合桂枝以解肌，合芍药以益阴；一为使药，调和诸药。所以本方虽只有五味药，但配伍严谨，散中有补。陈老合用两个经方，加入党参、黄芪扶正益气固表，白芍、五味子敛肺养阴，白芷宣通鼻窍。

7. 清暑益气汤治疗伤暑

何某，女，67岁，因"头昏、乏力半月"就诊，半月前患者无明显诱因出现头昏、乏力、腹胀，伴心慌，身僵、胁肋部胀满，嘴唇木、干裂，大便2～3天一行，小便频数等症状。无发热、黑朦、恶心呕吐，纳眠可，小便调。舌体胖大齿印，舌质淡红偏瘀暗，苔白黄微腻，脉弱。

诊断：暑湿。

辨证：伤暑证。

治法：清暑益气。

方剂：清暑益气汤加减。

药物：黄芪30 g　　苍术10 g　　升麻15 g　　南沙参30 g

白术10 g　　陈皮10 g　　建曲30 g　　泽泻15 g

炙甘草15 g　盐黄柏15 g　当归12 g　　麦冬15 g

青皮10 g　　葛根80 g　　五味子10 g　荷叶15 g

人参叶15 g　大枣15 g　　生姜3片

4剂，水煎服，一日一剂，一日三次。

二诊：头昏、乏力、腹胀较前缓解，身僵、胁肋部胀满亦有所减轻，仍感嘴唇木、干裂，但裂口较前缩小，大便现每1～2天一行。舌体胖大有齿印，舌质淡红偏暗，苔薄白微黄，脉弱。前方葛根减至 50 g，余不变。

三诊： 诉诸症基本好转。效不更方，前方去荷叶，续方 5 剂巩固疗效。

按语： 以"清暑益气汤"命名的方剂历史上有两个：一是金元时期名医李东垣的《脾胃论》中的清暑益气汤一方；二是清代温病学家王孟英的《温热经纬》中亦有清暑益气汤一方。虽然名字相同，但二者的药物组成不同，功用和主治亦不同。

王氏清暑益气汤是治疗夏季感受暑热而引起热性病的常用方剂。因为有暑热仍盛、气津已伤的特点，治疗时不但要清其暑热，还须益气生津，方能达到治疗目的。王氏清暑益气汤中，药物分为两组：一组为黄连、知母、竹叶、西瓜翠衣、荷梗，能清热解暑；另一组为西洋参、石斛、麦冬、粳米，能益气生津，两组配合，共成清热泻火、益气生津之用。

李东垣的清暑益气汤出自《脾胃论》，方由黄芪、苍术、升麻、人参、炒神曲、陈皮、白术、麦冬、当归身、炙甘草、青皮、黄柏、葛根、泽泻、五味子组成，为清暑益气、除湿健脾之方，用于治疗平素气虚，又感受暑湿而导致的身热头痛，口渴自汗，四肢困倦，不思饮食，胸满身重，大便溏薄，小便短赤，苔腻脉虚者。此病皆由饮食劳倦，损其脾胃，乘天暑而病作也。从方药组成看，本方由补中益气汤以葛根易柴胡，加苍术、黄柏、神曲、青皮、麦门冬、五味子而成。补中益气汤治疗内伤气虚，病发于暑天土令，而非春季木令，故不用行少阳经之柴胡，而代以行阳明经之葛根，且葛根有"益阳生津"之用。苍术、黄柏针对湿热而设，《丹溪心法》中二药相伍名"二妙散"，"治筋骨疼痛因湿热者"。本方中用治"湿热成痿"。神曲、青皮消食快气，针对"心下膨痞"而设。《脾胃论》中有："湿热大胜，主食不消化，故食减，不知谷味，加炒曲以消之。"青皮的消食作用往往被医者忽视，《汤液本草》青皮条下："《液》云：主气滞下食，破积结及膈气。"麦门冬、五味子合人参为生脉散，针对暑伤气阴而设。《脾胃论》中言："复加五味子、麦门冬、人参泻火，益肺气，助秋损也。此三伏中长夏正旺之时药也。"黄柏、麦门冬、五味子都属于"随时用药"之例。胸满气促，外感邪实引起者，黄芪、升麻必在当禁之列。而内伤气陷用黄芪、升麻最佳，后世医家张锡纯治疗胸满气促之升陷汤，同样也用到了黄芪、升麻。此病皆因饮食失节，劳倦所伤，日渐因循，损其脾胃，乘暑天而作病也。李东垣明言，清暑益气汤证是在内伤病的基础上暑天发病或伤暑而发。

本案患者系老年女性，渐老体弱，因暑热侵袭，耗伤气津致病。暑为阳邪，其性炎热，暑气通心，暑热扰心则心慌；暑易伤津耗气，故见口渴唇干，体倦少气，精神不振，脉虚。此为暑伤气津之证。若单用益气生津，暑热不除；若只清热解暑，则气津难复。唯有清热解暑与益气生津并用，方可奏效。

8. 血府逐瘀汤合桂枝加附子汤加减治疗畏寒

席某，男，80岁，因"畏寒30余年"就诊。30余年前患者不明原因出现畏寒，冬天夜间睡觉需盖7~8床羽绒被方可得温，夜间3—5点怕冷最明显，需起床加穿羽绒服方可再次入睡。上述症状天气转暖或进入夏令时节后稍有缓解。患者曾四处求医，未见明显好转，前医曾以"肾阳虚"的思路治之，收效不佳（具体不详）。刻诊：畏寒明显，平素汗多，活动后或进食饮水后加重，纳眠一般，小便尚可，大便偏稀。舌体略胖大，舌质稍暗红，苔白，脉弦细。

诊断：畏寒

辨证：阳虚血瘀

治法：活血化瘀，温阳固表

方剂：血府逐瘀汤合桂枝加附子汤加减

药物：柴胡 15 g　　牡丹皮 15 g　　丹参 30 g　　川牛膝 30 g
　　　桔梗 15 g　　枳壳 15 g　　　川芎 15 g　　生地黄 30 g
　　　白附片 60 g　桂枝 15 g　　　大枣 30 g　　炙甘草 15 g
　　　黄芪 30 g　　生姜 3 片

2 剂，水煎服，一日一剂，一日三次。

二诊：患者自诉服药后第一日，晚上起床如厕畏寒情况明显改善，无需另着衣下床。后两日畏寒情况有所反复。平素出汗明显，舌体略胖大，舌质稍暗红，苔白，脉弦细，前方白附片加量至 90 g，继续服用 4 剂。

三诊：患者自诉畏寒改善，汗出明显，一天需换 4~5 次汗衫。舌体略胖大，舌质稍暗红，苔薄白，脉弦细。前方加白术 30 g、浮小麦 60 g、白芍 15 g，继续服用 6 剂。

四诊：患者自诉畏寒明显好转，夜间起床无需着厚衣，入睡时盖薄被即可，但深夜需折叠被盖。继续予前方5剂巩固疗效。

按语：病人自觉怕冷，多加衣物或近火取暖而能缓解者，谓之畏寒，不能缓解者谓之恶寒。所谓"久病必虚""久病必瘀"，该患者畏寒日久，长达30余年，邪气深陷入里，缠绵不愈，耗伤正气，正气损伤鼓动无力，如《医林改错》所言"元气即虚，必不能达于血管，血管无力，必停留而瘀"。随着病情发展，最终进展至阳虚，阳虚则不温，"血气者……寒则泣不能留""血得寒则凝"，血液运行缓慢，而致血瘀，瘀血阻滞导致气血循环不利，进而加重血瘀，如此以往形成恶性循环，导致病情缠绵难愈。且该患者年老，脏腑日虚，机体生理功能减退，本多虚多瘀。因此陈老治疗本病从"虚"和"瘀"着手，标本同治，祛瘀的同时兼以温阳补虚，故用血府逐瘀汤合桂枝加附子汤加减，活血化瘀、温阳固表。

血府逐瘀汤是出自王清任《医林改错》的经典方剂，是临床治疗诸多疾病的常用方剂。原方由桃仁、红花、当归、生地黄、牛膝、川芎、桔梗、赤芍、枳壳、甘草、柴胡组成，具有活血化瘀、行气止痛的功效。本案以血府逐瘀汤去当归、桃仁、红花、赤芍，加牡丹皮、丹参、黄芪组成，诸药合用，使全方共奏补血活血之功。方中柴胡疏肝解郁，升达清阳，与桔梗、枳壳同用，尤善理气行滞，使气行则血行；川芎味辛、性温，走而不守，为血中气药，最宜活血；生地黄养阴生血；牡丹皮活血化瘀，清热凉血；丹参活血祛瘀，清热除烦；黄芪补气升阳、益卫固表，"气为血之帅"，加黄芪可达补气活血的目的；甘草调和诸药。结合"久病必虚""久病必瘀"及"老年多虚多瘀"的特点，四诊合参，予活血化瘀的同时佐以益气补血之品，使全方逐瘀而不伤正。正如《景岳全书》曰："血有涩者，宜利之……血有虚而滞者，宜补之活之。"

桂枝加附子汤出自《伤寒论·辨太阳病脉证并治上》："太阳病，发汗，遂漏不止，其人恶风，小便难，四肢微急，难以屈伸者，桂枝加附子汤主之。"由桂枝、芍药、生姜、大枣、甘草、附子6味药组成，即为桂枝汤加附子组成。本案患者畏寒日久，年老体虚，阳气虚弱，选用该方尤为适宜，方中桂枝汤被誉为"仲景群方之冠"，可外调营卫、内和脏腑，加入附子温少阴之经、扶心肾之阳，扶阳温经固卫成为重点。且附子辛温，温阳散寒之力雄，直走内外之迅烈，既可助桂枝、生姜兴阳宣通营卫，又可扶白芍、甘草甘缓化阴生津。因此予桂枝汤加附子温阳通经而又益阴敛守，选用该方治疗本案患者，可谓万全之策。

（二）肺系病证

1. 麻辛止嗽散治疗咳嗽

向某某，女，43岁，因"咳嗽4天"就诊。患者4天前因受凉出现咳嗽，遇冷后加重，以夜间明显，半夜咳醒，咳声重浊，咳而不畅，伴咽喉不适、气紧，痰少，不易咯出。大小便正常。舌体胖大齿印，舌质淡红，苔薄白，脉细。

诊断：咳嗽病。

辨证：风寒闭肺。

治法：疏风散寒，宣肺止咳。

方剂：自拟麻辛止嗽散。

药物：炙麻绒15 g　　细辛10 g　　枳壳12 g　　苦杏仁12 g
　　　　紫菀15 g　　　桔梗20 g　　百部15 g　　白前15 g
　　　　陈皮15 g　　　炙甘草15 g　生姜9 g

3剂，水煎服，一日一剂，一日三次。

患者服药3剂后咳嗽、气紧症状明显缓解，痰量明显减少。

按语：咳嗽分外感咳嗽与内伤咳嗽，其病位主脏在肺，《景岳全书·咳嗽》说："咳证虽多，无非肺病。"这是因为肺主气，其位最高，为五脏之华盖，肺又开窍于鼻，外合皮毛，故肺最易受外感、内伤之邪，而肺又为娇脏，不耐邪侵，邪侵则肺气不清，失于肃降，迫气上逆而作咳。止嗽散出自清代程国彭的《医学心悟》，由桔梗、荆芥、紫菀、百部、白前、陈皮、甘草七味药组成，不寒不热，是一个温润平和的方子，采取开门祛邪之法，使邪去肺安而咳止。陈老认为风寒之邪闭肺，肺气不宣，故常加麻黄、细辛，以增强辛温发散、宣肺解表之力，自拟麻辛止嗽散。方中炙麻绒、细辛辛温发散，解表散寒，宣肺通窍，止咳平喘；紫菀、百部、白前止咳化痰；陈皮、桔梗、苦杏仁、炙甘草化痰利咽，宣肺止咳。

2. 金水六君煎治疗咳嗽

何某某，女，63岁。因"咳嗽、咯痰1月"就诊。1月前患者受凉后出现咳嗽，咯白色黏痰，伴鼻塞、流清涕。刻诊：咳嗽，遇冷后咳嗽加重，咯白色黏痰，痰咸。舌体略胖浅齿印，舌质淡偏黯，苔薄白，脉浮缓。

诊断：咳嗽病。

辨证：肺肾两虚，湿痰内盛。

治法：滋养肺肾，祛痰止嗽。

方剂：金水六君煎加减。

药物：蜜紫菀 15 g　　款冬花 15 g　　细辛 10 g　　乌梅 20 g

　　　炙甘草 15 g　　熟地黄 20 g　　化橘红 15 g　　当归 15 g

　　　茯苓 15 g　　　法半夏 12 g　　生姜 3 片

2剂，水煎服，一日一剂，一日三次。

二诊：患者诉咳嗽明显缓解，痰量减少，痰咸较前减轻。调整处方，减蜜紫菀、款冬花用量，减去细辛，具体方药如下：

　　　蜜紫菀 10 g　　款冬花 10 g　　乌梅 20 g　　炙甘草 15 g

　　　熟地黄 20 g　　化橘红 15 g　　当归 15 g　　茯苓 15 g

　　　法半夏 12 g　　生姜 3 片

3剂，水煎服，一日一剂，一日三次。

后电话随诊，患者诉服药3剂后诸症皆愈。

按语：陈老认为患者咳嗽日久，迁延不愈，则子病及母，导致肺脾两虚，脾脏受伤并失于健运，又因津液不能输布，聚而为痰，痰阻气道，进一步导致肺气上逆而作咳；同时金生水，肾为肺之子，脾土克肾水，肺脾功能失常必然导致"久病及肾"。金水六君煎由明张景岳所创，出自《景岳全书》，方中熟地黄性平，"滋培肾水，填骨髓，益真阴，专补肾中元气，兼疗藏血之经"。当归味甘辛，性温，"凡有形虚损之病，无所不宜"。熟地黄与当归在方中起扶正固本作用为君；法半夏辛温，能燥湿化痰，和中止呕；"姜辛味"化裁自仲景小青龙汤，温化寒痰、温肺止咳；茯苓甘淡，甘能补脾，淡可渗湿，使已聚之湿从小便渗利而去；更添甘草和中益脾。诸药合用，共奏滋阴养血、理气健脾、燥湿化痰之效。

3. 苓甘五味姜辛汤加味治疗咳嗽

白某某，男，65岁，因"反复咳嗽、咯痰2月"就诊。2月前患者无明显诱因出现反复咳嗽、咯痰不适，痰多清稀易咯出，偶有胸闷、头昏、恶心欲呕等。平素畏寒肢冷，患者吸烟40余年，20支/天。刻诊：咳嗽、咯痰，痰多清稀易咯出，偶有胸膈痞满、头昏、恶心欲呕，纳眠可，小便调，大便稀溏。舌淡胖大齿印，苔白偏腻，脉滑。

诊断：咳嗽病。
辨证：寒饮犯肺。
治法：温阳散寒，化饮止咳。
方剂：苓甘五味姜辛汤加味。
药物：桂枝15 g　　细辛10 g　　五味子15 g　　法半夏15 g
　　　干姜15 g　　茯苓30 g　　炙甘草15 g

3剂，水煎服，一日一剂，一日三次。

二诊：患者咳嗽减轻，痰量明显减少，痞满症状缓解，大便成形。患者一诊显效，继续守方3剂口服。上述药毕，患者自行守方再服3剂，随访1月上述病情好转，未见明显咳嗽、咳痰。

按语：明代李中梓《医宗必读》指出："脾为生痰之源，肺为贮痰之器，治痰不理脾胃，非其治也。"因脾胃喜温恶寒，脾胃虚弱，脾运化失常，就会导致体内水饮生成，脾阳不化气，体内停留的水饮无法运化，从而形成了病理性产物——水饮，水饮为阴邪，停聚之处就会阻遏阳气运行，阳气衰弱反过来也会导致饮邪聚集，且饮邪积聚于人体又易伤阳气，《金匮要略》云："病痰饮者，当以温药和之。"故投以温药，既可振奋脾阳，行水化饮，又可宣肺以开泄腠理，通调水道，调畅气机，散水饮凝结，从而使阴阳平和。陈老认为患者久居川渝湿胜之地，下焦真阳素虚，饮邪上盛，在上可见咳嗽、痰多清稀，在下可见肢冷、大便稀溏，偶有胸膈痞满、恶心欲呕为冲气不平之征象。患者为寒饮咳嗽，若单用桂苓五味甘草汤方，其散寒泄满之力偏弱；若单用苓甘五味姜辛汤恐姜、辛温散太过，发越阳气，使冲气上逆症状加重；另患者有头昏、欲呕不渴，故取桂苓五味甘草汤、苓甘五味姜辛汤、桂苓五味甘草去桂加姜辛夏汤三方之意以温肺散寒、化饮止咳。方中以干姜为君，既温肺散寒以化饮，又温运脾阳以化湿。细辛，取其辛散之性，温肺散寒，助干姜温肺散寒化饮之力；复以茯苓健脾渗湿，化饮利水，一以导水饮之邪从小便而去，一以杜绝生饮之源，合干姜温化渗利，健脾助运，共为臣药。五味子敛肺止咳，防姜、辛耗伤肺气，另干姜、细辛、五味子三药合用则一温一散一敛，使散不伤正，敛不留邪，且能调节肺司开合之职；桂枝配甘草辛甘化阳以平冲气，配茯苓引逆气下行；法半夏燥湿化痰、降逆止呕，另有消痞之功，共为使药。炙甘草和中调药，为佐使之用。该患者首诊中药 3 剂显效，守方 6 剂症状好转。

4. 慢咽汤治疗咳嗽

刘某某，女，28 岁，因"咽痒、干咳 2 周"就诊。2 周前患者因受凉出现咳嗽，干咳为主，咽痒即咳，晨起咯少量黄痰，夜间阵发性咳嗽剧烈，影响睡眠，伴咽干、声音嘶哑、流涕等不适，无畏寒、发热，无咽痛，无胸闷、气紧、喘息等不适。刻诊：咳嗽，干咳，咽痒即咳，夜间咳嗽剧烈，晨起咯少量白痰，纳眠差，二便调。舌体略胖，舌质淡红偏暗，苔白，脉细。

诊断：咳嗽病。

辨证：阳虚血瘀。

治法：温阳，活血，利咽。

方剂：自拟慢咽汤。

药物：桂枝 15 g　　　干姜 15 g　　　细辛 10 g　　　五味子 12 g
　　　当归 12 g　　　桔梗 30 g　　　西青果 15 g　　　炙甘草 15 g

3 剂，一日一剂，一日三次。

二诊：患者诉服药当晚即未再出现咳嗽，无咽痒、咽干等不适。患者病情较前明显好转，同前继服。

后电话随访，患者诉咳嗽痊愈。

按语： 陈老认为该患者感受外寒之邪，外邪袭肺，肺失宣降，肺气上逆，故见咳嗽。寒为阴邪，易损阳气，阳虚则阴寒内盛，血液失于温煦，则致瘀血内生，阴寒之气与瘀血痹阻咽喉气血，则致咽喉失去濡养，故见咽干、咽痒。舌体略胖，质淡红偏暗，苔白，脉细均为阳虚血瘀之象，故陈老投之自拟慢咽汤治疗。慢咽汤由桂枝、干姜、细辛、五味子、当归、西青果、桔梗、炙甘草组成，方中桂枝温通散寒、助阳化气为君药。细辛、干姜温肺化饮、散寒化气，当归活血化瘀，五味子敛肺止咳，共为臣药。君臣相配温化阴寒以行血。方中五味子与干姜、细辛相配，一温一散一收，使散邪不伤正，敛肺不留邪；西青果、桔梗清利咽喉；炙甘草合桂枝辛甘化阳以实卫，合干姜以助温补中，培土生金，调和诸药。全方虽八味，然配伍严谨，开中有合，散中有收，温阳以散瘀，气血通则诸证除。患者因咳嗽就诊，而陈老全方未用镇咳之物，却能药到病除，只因抓住疾病病机，辨证准确，大胆用药，故能解除患者的疾苦。

5. 参赭镇气汤治疗肺胀

张某某，女，75岁，因"反复咳嗽、气喘3年，复发1周"就诊。患者3年来受凉后反复出现咳嗽、气喘、咯痰，抗感染治疗后缓解。1周前因受凉咳嗽、气喘复发，夜间咳嗽稍明显，咯少量白色黏痰，气喘，动则甚。伴心累、全身乏力、多汗、颜面及双下肢水肿。纳眠欠佳，大便正常，小便频，夜尿多，2~3次/晚。既往有慢性支气管炎，肺气肿病史。舌体略胖齿印，舌质淡偏暗，苔白，脉细缓。

诊断：肺胀病。

辨证：肺肾亏虚，肾不纳气。

治法：补益肺肾，降气平喘。

方剂：参赭镇气汤加减。

药物：山茱萸 30 g　　山药 80 g　　龙骨 30 g　　牡蛎 30 g
　　　煅赭石 30 g　　人参 15 g　　黄芪 30 g　　麦冬 20 g
　　　五味子 12 g　　紫苏子 15 g　　牛膝 30 g　　巴戟肉 15 g
　　　肉桂 10 g　　白附片 30 g　　白芍 15 g　　炙甘草 15 g

3剂，水煎服，一日一剂，一日三次。

二诊：患者诉咳嗽、气喘好转，仍有痰，心累稍减轻，双下肢仍水肿。中药于前方基础上加茯苓 30 g，具体方药如下：

山茱萸 30 g　　山药 80 g　　龙骨 30 g　　牡蛎 30 g
煅赭石 30 g　　人参 15 g　　黄芪 30 g　　麦冬 20 g
五味子 12 g　　紫苏子 15 g　　牛膝 30 g　　巴戟肉 15 g
肉桂 10 g　　白附片 30 g　　白芍 15 g　　炙甘草 15 g
茯苓 30 g

3剂，水煎服，一日一剂，一天三次。

三诊：患者诉症状明显好转，上方续服。

按语：本案患者为老年女性，年老体虚，肺肾俱亏，肺气亏虚，体虚不能卫外，感受疫疠之气，痰浊互结于肺，气道壅塞，肺气胀满，不能敛降，发为肺胀。肺为气之主，肾为气之根，久病肺虚及肾，肾气衰惫，不能统摄其气化，肾气不下行转而气逆上冲为喘。正如《医贯·喘》曰："真元耗损喘，出于肾气之上奔……乃气不归元也。"故见喘息气紧，心累，动则尤甚，气喘日益加重。肾阳亏虚，膀胱气化失司，故见尿频、夜尿多。肺肾虚寒，水泛为痰，故见咳嗽。久病及心，心气、心阳亏虚，无力推动血脉，则血行涩滞，则见心累、乏力。陈老予以参赭镇气汤加减补益肺肾、降气平喘。方中山茱萸、山药补益肝脾肾；龙骨、牡蛎、煅赭石潜阳安神；人参益气生津润肺；黄芪补气止汗；麦冬、白芍、五味子滋阴敛汗；紫苏子降气；牛膝补益肝肾；巴戟肉、白附片温肾助阳；肉桂鼓舞气血生成；炙甘草调和诸药。此方中重用山药，山药即薯蓣，首载于《神农本草经》，被其列为上品，谓山药"味甘温，补虚羸，除寒热邪气；补中，益气力，长肌肉；久服耳目聪明，轻身，不饥，延年"。

6. 升降散治疗咳嗽

邓某，女，70岁，因"咳嗽5月，伴大便不畅3月"就诊。5月前患者出现咳嗽无痰，胸闷不适、憋气，服药后无明显缓解。3月前出现大便不畅，每天一次，量少，伴腹胀、晨起口苦，睡眠差。舌体略胖大，舌质淡偏暗，苔白，脉弦略数。

诊断：咳嗽病。

辨证：肺失宣降。

治法：升清降浊，调畅枢机，宣散郁火。

方剂：升降散合小柴胡汤。

药物：蝉蜕 15 g　　姜黄 15 g　　僵蚕 15 g　　酒大黄 2 g
　　　柴胡 15 g　　黄芩 15 g　　法半夏 15 g　　党参 30 g
　　　炙甘草 15 g　　大枣 30 g　　生姜 3 片

3剂，水煎服，一日一剂，一日三次，一次 200 mL。

二诊：患者诉咳嗽、胸闷、腹胀明显好转，睡眠明显改善。患者诉服用第一剂中药后，解大便2次，气味很臭，解便后自觉身体轻松了，腹胀消失，胸闷气憋感消失。舌体略胖大，舌质淡偏暗，苔白。辨证思路正确，效不更方，故续用上方调整剂量。具体方药如下：

蝉蜕 15 g	姜黄 15 g	僵蚕 10 g	酒大黄 1 g
柴胡 15 g	黄芩 15 g	法半夏 15 g	党参 30 g
炙甘草 15 g	大枣 30 g	生姜 3 片	

3剂，水煎服，一日一剂，一日三次。

1周后电话回访患者，诸证全消。

按语：升降散出自杨栗山《伤寒温疫条辨》卷四。杨氏提出："伤寒治法，急以发表为第一义；温病治疗，急以逐秽为第一义。""表里三焦大热，其证不可名状者，如头痛眩晕，胸腹胀满，心腹疼痛，呕吐食者；如憎寒壮热，一身骨节酸痛，饮水无度者如咽喉肿痛，痰涎壅盛，滴水不能咽者；如头痛如破，腰痛如折，满面红肿，目不能开者。"此方中僵蚕、蝉蜕辛凉透邪，轻浮解郁，达热出表，能使三焦清气上升、外达；姜黄理气解郁，和其气血，畅其情志；酒大黄苦寒降泄，荡其邪热，降其浊阴，俾热去、郁解、清升、浊降。姜黄、酒大黄苦寒降泄，泄热于里，疏通里滞，有升清降浊作用，外宣内泄表里双解之功。升降散方药仅四味，然其配伍精当，确为"火郁发之"楷模之剂。用小柴胡汤取其调和枢机之意，《灵枢·根结》云："太阳为开，阳明为阖，少阳为枢。"少阳枢机有调节太阳、阳明表里阳气的出入及气机的升降之能。患者老年正气不足，抗邪无力，邪从太阳内犯引起少阳枢机不利，正如《伤寒论》所云："血弱气尽，腠理开，邪气因入。"陈老认为升降散表里双解，小柴胡汤调和枢机，调和气血，人是统一的整体，表里、上下、气血之间必须彼此协调，这例病例很好地体现了中医的整体观念与辨证论治思想。

7. 八仙长寿丸治疗咳嗽

宋某，女，69岁，因"咯咸痰1年余"就诊。1年余前无明显诱因出现咯痰，量较多，痰中带咸味，口干，曾于外院多处诊治效果不佳。刻诊：咯痰，量较多，痰中咸味，口干。神清神可，食纳可，夜眠可，二便调。舌质暗红，苔白，脉细弦。

诊断：痰咸。

辨证：肺肾阴虚。

治法：滋养肺肾。

方剂：八仙长寿丸加味。

药物：熟地黄 30 g　　山萸肉 30 g　　山药 30 g　　茯苓 15 g
　　　盐泽泻 15 g　　牡丹皮 15 g　　麦冬 15 g　　五味子 12 g

6 剂，一日一剂，水煎服，一日三次。

二诊：患者诉痰量减少，痰带咸味无明显好转，仍口干，续用上方八仙长寿丸加味治疗，麦冬加量至 30 g，具体方药如下：

　　　熟地黄 30 g　　山萸肉 30 g　　山药 30 g　　茯苓 15 g
　　　盐泽泻 15 g　　牡丹皮 15 g　　麦冬 30 g　　五味子 12 g

3 剂，水煎服，一日一剂，一日三次。

三诊：患者诉咯咸痰明显好转，续服 3 剂巩固。

按语 陈老认为痰咸病位在肾，《王孟英医案》载："张与之令堂久患痰嗽碍卧，素不投补药。孟英偶持其脉曰：'非补不可！'予大剂熟地药，一饮而睡。与之曰'吾母有十七载不能服熟地矣，君何所见而重用颇投？'孟英曰：'脉细痰咸，阴虚水泛，非此不为功。'"足见痰咸多见于阴虚水泛之证。八仙长寿丸，别名麦味地黄丸，出自《寿世保元》，由地黄、山茱萸、怀山药、茯苓、牡丹皮、泽泻、麦冬、五味子组成，主治肾虚喘嗽，是肺肾同治之方。本病案中以麦冬清养肺阴，五味子滋肾敛肺，在六味地黄丸基础上增加养阴生津之功。

8. 久咳方治疗慢性咳嗽

王某某，女，68 岁。因"反复咳嗽 3 年"就诊。3 年前患者受凉后出现咳嗽，呈阵发性发作，以干咳为主。曾到多家医院诊治，服用中药、西药（具体不详）后无缓解。为寻求中医治疗，今来就诊。刻诊：阵发性咳嗽，多数干咳，夜甚伴干呕、咽痒、咽喉有异物感，晨起咳少量白痰，二便调。舌体略胖大，舌质淡红，苔白，脉濡。

诊断：咳嗽。

辨证：阳虚肺寒。

治法：温阳活血利咽。

方剂：久咳方。

药物：
桂枝 15 g	细辛 10 g	干姜 15 g	五味子 12 g
桔梗 15 g	当归 12 g	西青果 15 g	炙甘草 15 g
旋覆花 10 g	蜜麻绒 10 g	蜜紫菀 10 g	射干 10 g
白前 10 g	全蝎 5 g	麦冬 15 g	生姜 3 片

3 剂，水煎服，一日一剂，一日三次。

二诊：患者诉咳嗽缓解了 4 成，夜间几乎无咳嗽，干呕也缓解了，家属在旁诉："夜间咳嗽明显好转"，咽痒、咽喉异物感明显减轻，晨起已无白痰。在原方基础上加玄参 10 g，处方如下：

桂枝 15 g	细辛 10 g	干姜 15 g	五味子 12 g
桔梗 15 g	当归 12 g	西青果 15 g	炙甘草 15 g
旋覆花 10 g	蜜麻绒 10 g	蜜紫菀 10 g	射干 10 g
白前 10 g	全蝎 5 g	麦冬 15 g	玄参 10 g
生姜 3 片			

3 剂，水煎服，一日一剂，一日三次。

三诊：患者诉咳嗽明显好转，现在偶尔咳一两声，效不更方，前方玄参加至 15 g。

四诊：患者诉服药后咳嗽明显好转。效不更方，续用前方 3 剂口服。

按语：咳嗽是指外感或内伤等因素，导致肺失宣肃，肺气上逆，冲击气道，发出咳声或伴咯痰为临床特征的一种病证。外感咳嗽与内伤咳嗽可相互影响为病，病久则邪实转为正虚。外感咳嗽如迁延失治，邪伤肺气，更易反复感邪，而致咳嗽屡作，转为内伤咳嗽；肺脏有病，卫外不固，易受外邪引发或加重，特别在气候变化时尤为明显。本案患者久咳不愈，耗伤肺气，肺病及肾，肾不纳气，故咳逆不止，夜卧为甚，复感外邪，而致咳嗽屡作，虚实夹杂，缠绵难愈。陈老抓住患者刻下症：反复咳嗽、咽痒、咳白色痰，舌体略胖大，舌质淡红，苔白，脉濡。故辨证为本虚标实，虚实夹杂之证。治疗当标本兼顾。患者咽痒咳嗽，根据《难经·四难》："肺主声。"喉与肺相通，有"喉为肺之门户"的说法。咽喉相通，下连肺系，故陈老自创的久咳方治疗顽固性咳嗽曾屡获奇效。久咳方是由慢咽汤加金沸草散合方而成。

慢咽汤化裁于名老中医陆干甫老先生之方，陈老将陆老治疗慢性咽炎的经验进行了发展，突出以温阳、活血、利咽为主的治疗特色，吸纳《伤寒杂病论》中苓甘姜辛五味汤和桔梗汤之功效，创慢咽汤，主治慢性咽炎，方中药物八味，包括桂枝、细辛、干姜、五味子、桔梗、当归、青果、炙甘草。方中桂枝温通散寒为君药。细辛、干姜辛温助阳通络。当归、五味子温润降逆、活血化瘀共为臣药。青果、桔梗解毒清利咽喉为佐药。炙甘草为使，既能温中健脾，又能调和诸药。其中取细辛辛散之性，助干姜温肺散寒之力；五味子温肾敛肺，与干姜、细辛相伍，一温一散一敛，使散不伤正，敛不留邪，且肺、脾、肾三脏同调；桔梗、甘草取桔梗甘草汤伏火利咽之意。

金沸草散出自《太平惠平和剂局方》，其功效为发散风寒、化痰止咳，用于伤风咳嗽较重者，陈修园认为治疗伤风咳嗽应"轻则六安煎，重则金沸草散"。由金沸草、麻黄、前胡、荆芥穗、炙甘草、法半夏、赤芍组成。方中主药金沸草就是旋覆花的茎叶，现常用其花代替。其性沉降，能肃肺降胃、豁痰化饮；其味辛，能宣发肺气达于皮毛，一降一宣，肺之制节有权；其味咸，咸入肾，能助肾纳气，此一药之功可使三焦通利。陈老应用古方又不完全拘泥于古方，而是临证变通加减，考虑患者咽痒则咳，憋闷气紧，苔白，脉濡等，亦是风邪恋肺、肺失宣肃之象，故用全蝎祛风止痒；蜜麻绒药性缓和，取其宣中有降之用；紫菀润肺、下气、化痰、止咳；白前善于降气，气降则痰涎自消、咳喘自止；射干具有清热解毒、消痰、利咽的作用。全方寒温并用，攻补兼施，平补平泻，以扶正温通为主，宣肺止咳为辅，补而不滞，攻不伤正。

（三）心脑系病症

1. 桂枝甘草龙骨牡蛎汤治疗心悸

吴某某，女，34岁。因"反复心悸9月余"就诊。患者9月余前受凉后于当地卫生院治疗，针灸治疗时出现晕针，大汗出，后反复感心慌心悸，静息状态下即感心悸，活动后加重，伴畏寒，口干。经西医治疗无缓解。纳可，眠差，二便调。舌体胖大齿印，舌质淡略偏暗，苔薄白，脉弱。

诊断：心悸。

辨证：心阳亏虚。

治法：温补心阳，安神定悸。

方剂：桂枝甘草龙骨牡蛎汤加减。

药物：白附片 30 g　　干姜 20 g　　龙骨 30 g　　炙甘草 15 g

生牡蛎 30 g　　茯神 30 g　　桂枝 30 g

6 剂，水煎服，一日一剂，一日三次。

二诊：患者自诉心悸、口干较前减轻，畏寒明显缓解。舌体胖大齿印，舌质淡红略暗，苔薄白，脉弱。在前方基础上加生晒参 20 g 以益气生津，具体方药如下：

白附片 30 g　　干姜 20 g　　炙甘草 30 g　　龙骨 30 g

生牡蛎 30 g　　生晒参 20 g　　茯神 30 g　　桂枝 30 g

6 剂，水煎服，一日一剂，一日三次。

三诊：患者心悸明显缓解，未诉口干、畏寒。舌体略胖齿印，舌质淡红，苔薄黄，脉弱，原方续服 3 剂。

按语：心悸是因外感或内伤，致气血阴阳亏虚，心失所养；或痰饮瘀血阻滞，心脉不畅，引起以心中急剧跳动，惊慌不安，甚则不能自主为主要临床表现的一种心脏常见病证。桂枝甘草龙骨牡蛎汤出自《伤寒论》："火逆下之，因烧针烦躁者，桂枝甘草龙骨牡蛎汤主之。"主治心阳虚损之烦躁。患者晕针后出现心慌心悸，其虽非火逆下之，但汗多伤及心阳之主机则与条文相同，参合遇劳加重、苔白、脉弱等，辨证为心阳不足、心神浮动之证。心阳受损，阳虚不运，阳气不能温煦，故见畏寒，舌淡胖、苔白为阳虚阴寒之象，阳虚无力推动血行，脉道失充，故脉弱。方中桂枝辛甘性温，入心助阳；炙甘草甘温，甘缓补中益气；桂、甘相伍，辛甘化阳，温复心阳，则心悸自平，甘草倍于桂枝，乃因本证是心主神志的功能失调，药宜甘缓，而不宜过于辛散。龙骨、牡蛎涩可固脱，重可潜镇，二药重镇潜阳，敛浮越之心神；安神定志，除受惊之惶恐。陈老在此方基础上，加白附片祛寒助阳，干姜温中散寒，温补阳气，交通心肾，水火既济，加茯神加强安神宁心之效，二诊时再加以生晒参补气以助阳，促进阳气来复。全方相配，标本同治，则可达安神之效。

2. 柴胡桂枝汤治疗胸痹

李某某,女,53岁。因"心前区疼痛1月"就诊。1月前患者生气后出现心前区疼痛,呈绞痛或胀痛,疼痛时放射至后背,持续时间约10分钟,伴大汗淋漓、左手中指、无名指及小指麻木,口服复方丹参滴丸后缓解。此后心痛反复发作,于活动后加重,白天夜间均发作,夜间每1~2小时发作1次,偶可痛醒,疼痛剧烈时不可忍受,持续时间在10~30分钟。食纳尚可,夜眠欠佳,二便可。舌淡,苔薄黄微腻,脉弦细。

诊断:胸痹心痛。

辨证:肝郁气滞。

治法:疏肝行气,调和阴阳。

方剂:柴胡桂枝汤加味。

药物:柴胡15 g　　桂枝15 g　　白芍15 g　　法半夏30 g
　　　黄芩15 g　　大枣30 g　　党参30 g　　炙甘草15 g
　　　生姜3片

5剂,水煎服,一日一剂,一天三次。

5剂后心前区疼痛发作次数较前明显减少,续服7剂后症状明显缓解。

按语:柴胡桂枝汤见于《伤寒论·辨太阳病脉证并治》:"伤寒六七日,发热微恶寒,支节烦疼,微呕,心下支结,外证未去者,柴胡桂枝汤主之。"另《伤寒论·辨可发汗病脉证并治》所载条文与次条基本相同。《伤寒论·辨发汗后病脉证并治》载:"发汗多,亡阳谵语者,不可下,与柴胡桂枝汤,和其荣卫,以通津液,后自愈。"可见柴胡桂枝汤常用于治疗太阳和少阳并病,太阳营卫不和,少阳经气不利。用其治疗冠心病,则可见于《金匮要略·腹满寒疝宿食病脉证并治》附:"《外台》柴胡桂枝汤方,治心腹卒中痛者。"虽大多认为此条为论述柴胡桂枝汤治疗腹痛诸证,然亦不可忽视对于"心"的治疗。"太少经脉,入通于心",太阳、少阳经脉与心有着密切关系。故太阳、少阳之病,在某种条件下,可以影响心脏。柴胡桂枝汤和解太、少,故而能治疗心脏疾病。柴胡桂枝汤以桂枝汤和小柴胡汤两方相合,既有桂枝汤调和营卫、调和阴阳之功,又有小柴胡汤主枢而调畅气血、转邪外达并抑肝扶脾之能,一则调和营卫阴阳,一则调畅阴阳表里之枢机,二方相合则相得益彰,如虎添翼，更进而增益其所不能，如是则阴阳表里，升降出入皆得以其燮理调和之功而返归于平。

3. 炙甘草汤治疗心悸病

赵某某，男，62岁，因"阵发性心悸1年，复发加重半月"就诊。1年前患者无明显诱因出现阵发性心悸，持续1~2分钟可自行缓解，发作时伴乏力，治疗后好转。半月前，患者因劳累心悸复发加重，夜间明显，偶有憋醒，伴胸闷、气紧、乏力等不适，持续时间延长10多分钟，动态心电图示：窦性心律，室性早搏：24小时总数16 580，成对1；房性早搏：总数226，成对2；ST-T未见异常。遂来就诊。刻诊：阵发性心悸，夜间明显，偶有憋醒，伴胸闷、气紧、乏力等不适，持续时间延长约10多分钟。食纳尚可，夜眠差，大便偏稀，2~3次/天，小便可。舌质淡红，苔白，脉结。

诊断：心悸病。

辨证：心阳不振。

治法：益气温阳，滋阴复脉。

方剂：炙甘草汤加味。

药物：炙甘草15 g　　桂枝15 g　　生姜15 g　　丹参30 g
　　　党参30 g　　黄芪30 g　　麦冬15 g　　五味子12 g
　　　蜜远志15 g　　石菖蒲15 g　　茯神木30 g　　酸枣仁15 g
　　　甘松10 g

6剂，水煎服，一日一剂，一日三次。

二诊：患者诉心悸明显减轻，胸闷、气紧、乏力亦有所减轻，原方续服10剂。

1月后电话回访，患者心悸症状明显缓解，复查动态心电图提示室性早搏总数2 563次。

按语：炙甘草汤原载于《伤寒论》："伤寒脉结代，心动悸，炙甘草汤主之"，别名复脉汤，由甘草、生姜、桂枝、人参、生地黄、阿胶、麦门冬、麻仁、大枣组成。方中重用炙甘草甘温益气，通经脉，利血气，缓急养心为君。人参、大枣益气补脾养心；生地黄、麦冬、麻仁、阿胶滋阴养血为臣。桂枝、生姜、清酒温阳通脉为佐。诸药合用，温而不燥，滋而不腻，共奏益气养血，滋阴复脉之功。陈老在原方基础上加远志安神益智；茯神木宁心安神，神宁则脉平，心悸自消；甘松本为理气止痛、开郁醒脾之药，现代医学研究发现其有调节心律作用。诸药合用，滋而不腻，温而不燥，使气血充足，阴阳调和，则心动悸、脉结，皆得其平。陈老抓住患者睡眠差，心悸与失眠并见，互为影响，结合病史特点，气血阴阳不足，故治以气血阴阳并补，注重养心、宁心，疗效值得肯定。陈老借鉴现代医学研究，使用甘松用于治疗心悸，不拘泥于古方古籍，肯定现代中医中药作用，值得后辈学习。

4. 养心汤治疗心悸

严某，男，52岁，因"心悸1年"就诊。患者于1年前出现心悸，伴头晕、心累、乏力。常自汗、畏寒、怕冷，手脚冰凉，多梦，入睡后2~3小时常醒，每晚醒3~4次，大便稀溏，次数1~2次/天。舌体略胖齿痕，苔薄白，脉细弱。

诊断：心悸病。

辨证：气血亏虚，心神不宁。

治法：补益气血，养心安神。

方剂：养心汤加减。

药物：柏子仁15 g　酸枣仁15 g　黄芪30 g　党参30 g
茯神30 g　茯苓30 g　炒白术15 g　桂枝15 g
炙甘草15 g　远志15 g　丹参30 g　大枣30 g
生姜3片

4剂，水煎服，一日一剂，一日一次。

二诊：诉心悸、畏寒、怕冷、多梦情况明显改善。仍有轻微自汗，在前方基础上加当归12 g，川芎15 g，增强活血养血之功。

患者一周后复诊，无明显心悸、心累症状。睡眠明显好转，夜间醒来的次数明显减少，手脚温热。

按语：养心汤出自《仁斋直指方论》卷十一，为安神剂。具有补益气血、养心安神的功效，主治气血不足，心神不宁证。方中黄芪、人参为君，补脾益气。臣以当归补血养心，与黄芪、人参配伍，以培气血不足；茯神、茯苓养心安神，以治神志不宁。佐以酸枣仁、柏子仁、远志、五味子补心安神定悸；肉桂引火归原，并可鼓舞气血声场而增本方温养之效；川芎调肝和血，且使诸药补而不滞；兼加生姜、大枣更增加益脾和中、调和气血之功。甘草调和诸药，且与参芪为伍，以增强益气之功，用为佐使。诸药配伍，补益气血，养心安神，故以"养心"名方。

5. 参芪冠心汤治疗胸痹心痛

吴某，女，72岁，因"反复胸闷、心悸3年，复发加重伴胸背痛1周"就诊。3年前，患者无明显诱因出现胸闷、心悸，伴心累气紧，活动后加重，无胸痛、肩臂放射性疼痛等不适，多次于外院及我院就诊，诊断为"冠心病心绞痛"，经治疗后病情好转出院。平素病情反复，口服地奥心血康胶囊等药物控制病情。1周前，患者劳累后上述症状复发加重，伴胸痛、背痛，时有心前区压榨感，每次持续约数分钟后自行缓解，近期发作频率增加，无晕厥黑矇、咯血、夜间阵发性呼吸困难、发热、恶心呕吐、腹痛腹泻等。刻诊：精神可，睡眠差，食纳欠佳，小便频数（夜尿5~6次），大便稀溏。舌体略胖大，舌质淡红偏暗，苔薄白，脉细弱。

既往史：有"高血压"病史20年，平时口服施慧达、酒石酸美托洛尔片控制血压，未规律监测血压。

诊断：胸痹心痛。

辨证：心肾亏虚，血瘀阻络。

治法：补肾强心，化瘀通络。

方剂：自拟参芪冠心汤。

药物：太子参30 g　　黄芪30 g　　麦冬20 g　　五味子12 g
　　　淫羊藿30 g　　桂枝15 g　　丹参30 g　　酒川芎15 g
　　　赤芍10 g　　　炙甘草10 g　当归10 g

5剂，水煎服，一日一剂，一日三服。

二诊：患者诉胸闷、胸背痛持续时间较前缩短，频率减少。舌体略胖大，舌质淡红偏暗，苔薄白，脉细弱，原方续服。

三诊：患者诉胸闷、心悸、胸背痛明显减轻，夜尿减少至每晚1次，血压稳定，改服参芪冠心片。

按语： 年老肾精逐渐衰竭，五脏化气无根，故脏腑气化无力，气虚不能推动血液运行，而致血瘀，血瘀日久，阻碍气机，耗阴伤气，如此反复，其肾更虚，其气愈虚，其血必瘀。本医案中患者年逾七旬，肾精虚衰，肾气不足，久则成瘀，瘀血阻痹心脉，不通则痛，故见胸痛、背痛；肾阳虚衰，气化不利，不能温煦，故见夜尿频数。陈老以参芪冠心汤，切中病机，方达良效。参芪冠心汤是陈老根据肾虚血瘀理论创制，原方中以淫羊藿、丹参为君药，取其补肾强心、活血化瘀之效；桂枝、黄芪、太子参、当归、赤芍为臣药，益气通阳、活血化瘀；麦冬、五味子为佐使，益气养阴、润肺滋肾。诸药相伍，气血同治、攻补兼施、心肾兼顾，共奏补肾强心、化瘀通络之功。

6. 茯苓四逆汤治疗心衰

黄某，男，76岁，因"反复心累、气促5余年，加重1周"就诊。患者于5余年前无明显诱因出现心累、气促，活动后更明显。无胸闷、胸痛等不适。到当地医院就诊，诊断为"慢性心力衰竭"，长期服用呋塞米、螺内酯、缬沙坦纠正心衰，经常因心衰症状反复住院。1周前患者受凉后出现心累、气促加重，动则甚，伴夜间阵发性呼吸困难、双下肢水肿，偶有胸闷、胸骨后胀痛不适，持续时间数分钟至半小时不等，休息可缓解。刻诊：心累、气促，动则甚，夜间阵发性呼吸困难，双下肢水肿，精神差，少气懒言，偶有胸闷、胸骨后胀痛不适，持续时间数分钟至半小时不等，休息可缓解。纳眠差，大便5~6次/天。口唇紫绀，舌体略胖大，舌质淡偏瘀暗，苔白，脉细。

既往史：10年前发现血压升高，血压最高达180/110 mmHg，现服缬沙坦降压，血压控制尚可。

诊断：心衰病。

辨证：阳虚水泛。

治法：温肾助阳，利水消肿。

方剂：茯苓四逆汤加味。

药物：干姜30 g　　白附片30 g（先煎）　　炙甘草15 g　　茯苓100 g
　　　人参30 g　　桂枝25 g　　麦冬15 g　　五味子12 g
　　　黄芪80 g

5剂，水煎服，一天三次，一次100 mL。

二诊：患者心累、气促、双下肢水肿减轻。舌体略胖大，舌质淡偏瘀暗，苔白，脉细。原方加黄芪至100 g加强益气之功。

三诊：患者心累、气促明显减轻，双下肢无水肿。食纳欠佳。原方加白术30 g健脾益气。

按语：本病当属"心衰"范畴，《诸病源候论·水肿病候》中多归之于肺脾肾，其中水肿咳气上逆候言"肾主水，肺主气，肾虚不能制水，故水妄行浸溢皮肤，而身体肿满，流散不已，上乘于肺，肺得水而浮，浮则上气而咳嗽也"。又水肿从脚起者，以为肾者阴气，主于水而又主腰脚，肾虚则腰脚血气不足，水之流溢先从虚而入，故腰脚先肿也。本案患者年老久病，伤及肾府，下元亏损，阳不上温，累及心肺，心气亏虚，心阳不振。心主血脉，故助心行血之力弱，肾主水，水不行则水饮内停，上贮在肺，又流行周身，故见水肿。陈老用自拟茯苓四逆汤，方中茯苓用量最大，附子回阳之力雄健，配合参草之属令阳气化生有源，再加黄芪、桂枝之类加强温阳利水之力，急则治其标，待病势缓和时再以中土为要，本之后天，合四逆汤、苓桂术甘汤、生脉散、防己黄芪汤诸方之长，揆度有法，加减相宜。

7. 血府逐瘀汤治疗灯笼病

张某某，女，54岁，因"心中烧灼感1月"就诊。1月前患者因情绪激动出现心中烧灼感，以胸骨后明显，阵阵加重，伴胸部汗出、心慌、口苦。食纳差，夜眠差，入睡困难，易醒，醒后伤心，间断口服安眠药物助眠，二便调。舌略胖浅齿印，舌质淡偏暗，苔薄黄，脉细。

诊断：灯笼病。

辨证：气滞血瘀。

治法：疏肝行气，活血化瘀。

方剂：血府逐瘀汤加减。

药物：柴胡15 g　　龙骨30 g　　丹参30 g　　川牛膝30 g
　　　肉桂3 g　　　酒黄连10 g　桔梗15 g　　枳壳15 g
　　　郁金15 g　　酒川芎15 g　生地黄60 g

4剂，水煎服，一天三次，一次100 mL。

二诊：患者诉心中烧灼感明显减轻，胸部汗出明显减少，睡眠亦有所改善。原方续服。

按语：清代王清任《医林改错》卷上中提到血府逐瘀汤所治之症目有19

条，包括"头痛，胸痛，胸不任物，胸任重物，天亮出汗，食自胸右下，心里热（名曰灯笼病），瞀闷，急躁，夜睡梦多，呃逆，饮水即呛，不眠，小儿夜啼，心跳心忙，夜不安，俗言肝气病，干呕，晚发一阵热"。其中灯笼病即是心里热，王清任认为该病与胸中血瘀有关，胸中为气之所宗，血之所聚，气机郁滞，血液凝结，瘀血内生，郁而化热，则见心里热。本案患者为中年女性，平素胆小易惊，肝胆之气不足，近来情绪激动，肝气郁结，"气为血之帅"，气行则血行，气机壅滞，血行不畅，则见血瘀；瘀久化热，蒸腾津液，则见心中烧灼感，局部汗出；瘀热扰心，则见心慌。结合舌脉，均为气滞血瘀之象。患者心中烧灼感，陈老师诊断为"灯笼病"，投之血府逐瘀汤合交泰丸。由血府逐瘀汤去桃仁、红花、当归、赤芍，加黄连、肉桂、龙骨、丹参、郁金，方中减少活血药物，增加了滋阴清热、交通心肾、重镇安神之品，重在调和阴阳以安神。黄连降心火，肉桂温肾阳，两药寒热相配，交通心肾、水火既济，有交泰丸之义。

8. 柴陈泽泻汤治疗眩晕

汪某某，女，45岁，因"头晕2天"就诊。2天前患者无明显诱因出现头晕，体位改变时明显，伴视物旋转、恶心、欲呕，行走不稳、踩棉感。食纳差，夜眠欠佳，大便2日一次，干结，小便如常。舌体略胖齿印，舌质淡略暗，苔薄黄，脉弦。

诊断：眩晕。

辨证：痰火上扰。

治法：清热化痰，熄风平眩。

方剂：柴陈泽泻汤。

药物：柴胡15 g　　黄芩15 g　　法半夏20 g　　党参30 g
　　　炙甘草15 g　陈皮15 g　　茯苓30 g　　　泽泻20 g
　　　白术15 g　　菊花10 g　　钩藤10 g　　　天麻20 g
　　　大枣15 g　　葛根60 g　　生姜9 g

3剂，水煎取汁共600 mL，分四次温服，一日一剂。

二诊：患者诉头晕、视物旋转明显减轻，无恶心、呕吐。上方续服3剂而愈。

按语：柴陈泽泻汤又称"靖眩汤"，为江尔逊自拟经验方。原方为小柴胡汤、二陈汤、泽泻汤加减天麻、钩藤、菊花而来。陈老认为，该方治"风"，用平肝熄风之法，使用天麻、钩藤、菊花，使肝风之势稍缓；治"痰"用二陈汤，燥湿化痰，痰、火去，则冒眩、呕吐症状缓解。泽泻汤"心下有支饮，其人苦冒眩，泽泻汤主之"。治痰饮阻遏，清阳不升，浊阴上犯，头目昏眩。纵观全方，针对脾肾不足，肝胆失调，三焦阻塞所致之眩晕而设。全方标本兼顾，重在治标，治标体现在因势利导，顺浊阴下降之趋势，重用茯苓、泽泻淡渗利水，为邪提供出处，使邪速去。

9. 珍母安神汤治疗不寐

赵某，女，53岁，因"失眠半年"就诊。半年前患者生气后出现失眠，早醒，醒后难再入睡，伴耳鸣，精神欠佳。食纳尚可，二便可。舌质偏暗红，苔白，少津，脉细。

诊断：不寐。

辨证：肝肾亏虚。

治法：补益肝肾，重镇安神。

方剂：珍母安神汤加味。

药物：珍珠母60 g　　五味子15 g　　酸枣仁20 g　　熟地黄30 g
　　　龙骨30 g　　　女贞子30 g　　墨旱莲30 g　　首乌藤30 g
　　　白芍15 g　　　丹参30 g

3剂，水煎服，一天三次，一次100 mL。

二诊：诉睡眠稍有改善，早醒的频次较前减少，多梦，原方酸枣仁加至30 g以增强宁心安神的功效。

三诊：诉失眠症状明显改善，早醒偶发，原方续服。

按语：古代医家认为"阳入于阴则寐，阳出于阴则寤"，说明阳不交阴是不寐的总病机。阴不潜阳则失眠易醒，虚阳外浮，故见醒后难再入睡。珍母安神汤为广州一老中医经验方。方中重用珍珠母配伍龙骨重镇安神，熟地黄养肝肾之阴，加之白芍既能平抑肝阳，又能养血敛阴，使阴血充，神魂得养而潜守；五味子益气收敛、补肾宁心，酸枣仁养心补肝、宁心安神，首乌藤养血安神；丹参活血祛瘀，清心除烦。陈老在此方基础上加二至丸补肝肾之阴。二至丸，出自《医便》，具有补益肝肾，滋阴止血之功效。女贞子甘平，益肝补肾；墨旱莲甘寒，滋补肝肾，能益下而荣上，两药合用补肝肾之阴，是治疗肝肾阴虚的著名方剂。全方共奏补益肝肾、重镇安神之功。

10. 当归四逆汤治疗顽固性头痛

杨某，女，50岁，因"反复头痛20余年"就诊。20余年前患者无明显诱因于出现头痛，整个头部均痛，前额尤为明显，无明显头晕，受冷受热均亦发作，发作时口服止痛药缓解，近两年头痛发作逐渐频繁，疼痛症状逐渐加重，每次头痛需服用头痛粉（阿咖酚散）缓解症状，若不服用即出现呕吐。平素怕冷，以四肢怕冷明显，容易腹胀，大便偏干，排便不畅。饮食一般，舌体胖大齿印，舌质淡偏暗，舌面有瘀点，苔白，脉细弱。

诊断：头痛。

辨证：肝经虚寒，血脉凝滞。

治法：温肝祛寒，舒脉通滞。

方剂：吴茱萸汤加味。

药物：附子 30 g　　　干姜 30 g　　　炙甘草 15 g　　　党参 30 g

吴茱萸 20 g　　　法半夏 30 g　　　生姜 3 片　　　大枣 30 g

6剂，水煎服，一日一剂，一天三次。

二诊：患者诉本周症状稍有缓解，一周内头痛发作2次，昨日感下肢受凉后头痛发作，疼痛剧烈，服头痛粉（阿咖酚散）症状缓解，大便不畅有缓解。调整方剂，以当归四逆汤加味，具体方药如下：

吴茱萸 20 g　　　附子 30 g　　　当归 20 g　　　白芍 15 g

桂枝 15 g　　　细辛 10 g　　　通草 10 g　　　炙甘草 15 g

大枣 30 g　　　干姜 20 g

7剂，水煎服，一日一剂，一日三次。

三诊：诉上次就诊后近半月头痛未明显发作，偶有隐痛，可自行缓解，怕冷稍有缓解，关节冷好转，饮食大便可。效不更方，仍以前方巩固，加党参补虚，具体方药如下：

吴茱萸 20 g　　　附子 30 g　　　当归 20 g　　　白芍 15 g

桂枝 15 g　　　细辛 10 g　　　通草 10 g　　　炙甘草 15 g

大枣 30 g　　　　干姜 20 g　　　　党参 30 g

7剂，水煎服，一天三次，一次 100 mL。

2月后患者陪女儿就诊，诉其服药后头痛一直未发作。

按语： 头为"诸阳之会""清阳之府"，又为髓海之所在，居于人体之最高位，五脏精华之血，六腑清阳之气皆上注于头，手足三阳经亦上会于头。若六淫之邪上犯清空，阻遏清阳，或痰浊、瘀血痹阻经络，壅遏经气，或肝阴不足，肝阳偏亢，或气虚清阳不升，或血虚头窍失养，或肾精不足，髓海空虚，均可导致头痛的发生。本病例为肝经虚寒，引起肝寒的原因有二：一是寒邪直中；二是自身阳虚。寒邪直中，肝经受寒，影响气血流通，筋脉失养，将会出现寒滞肝脉，气结不通而呈胸胁胀痛；影响肝系疏泄，不能正常调节血量，血脉凝滞，阳气不能随血达于四肢而呈四肢关节寒冷。肝主筋膜，寒邪伤筋，引起筋脉挛急，而呈头身掣痛。寒久客肝，必伤于阳，伤于气，故患者出现怕冷等阳虚症状。当归四逆汤，出自《伤寒论》，具有温经散寒，通利气血津液，柔和筋脉之功，既能消除病因，又能流通气血津液。《仁斋直指方》谓："官桂、当归，温血之上药也。"方中用当归、桂枝温经散寒，温通血脉；细辛行散滞气，祛邪出表；通草渗湿行津，利其水道；芍药味酸，能使挛急筋脉和柔；甘草、大枣可甘之缓急，白芍、甘草相伍，则舒挛急。《金匮翼》谓："温法有二，外入之寒，温必兼散；内生之寒，温必兼补。"陈老辨证精准，方中重用吴茱萸温散寒邪行气，附子、干姜温阳化气，整体温经舒脉，调营通滞，散寒与补阳并举，20多年的顽疾，仅仅三诊治愈，让病者感叹中医之神奇。

11. 柔肝熄风汤治疗眩晕

李某，女，53岁，因"反复头晕2年，加重半月"就诊。2年前患者体检时发现血压升高，最高达 180/95 mmHg，长期口服波依定 5 mg qd 控制血压，自诉血压控制尚可。半月前患者无明显诱因出现头晕加重，伴头胀痛、颈强、腰膝酸软，睡眠差，自测血压为 160/90 mmHg，行头颅 CT 未见异常。刻诊：神差，头晕、头胀痛、颈强、腰膝酸软、夜眠差，口稍干苦，二便正常。舌质略暗红，苔薄白，脉弦细。

诊断：眩晕病。

辨证：肝肾亏虚，血络瘀阻。

治法：滋补肝肾，柔肝熄风。

方剂：自拟柔肝熄风汤。

药物：葛根 100 g　　怀牛膝 30 g　　川牛膝 30 g　　白芍 15 g
　　　生地黄 30 g　　丹参 30 g　　　生山楂 30 g　　天麻 15 g
　　　龙骨 30 g　　　牡蛎 30 g　　　川芎 15 g

3 剂，水煎服，一天三次，一次 100 mL。

二诊：患者诉服药后头晕、头胀痛、颈强较前明显减轻，睡眠明显改善，血压控制在 130/80 mmHg 左右。效不更方。

按语：眩晕病因病机虽多端，但其病理变化不外乎虚实两端。虚者为髓海不足，或气血亏虚，清窍失养；实者为风、火、痰、瘀扰乱清空。本病病位在头窍，病变脏腑与肝脾肾相关。肝为风木之脏，其性主动主升，若肝肾阴亏，则水不涵木，阴不维阳，阳亢于上，则发为眩晕。"人四十，阴气自半"，"女子六七，三阳脉衰于上，面皆焦，发始白"。本案患者为中年女性，肾精渐亏，肾阴不足，水不涵木，则肝肾亏虚，发为眩晕，故见头晕、头胀痛。予柔肝熄风汤以滋补肝肾、柔肝熄风。柔肝熄风汤为陈老经验方，方由葛根、怀牛膝、川牛膝、白芍、丹参、生地黄、川芎、天麻、龙骨、牡蛎、生山楂组成。方中葛根用量重达 100 g。《伤寒论》云："太阳病，项背强几几，无汗，恶风，葛根汤主之。"陈老认为其为解肌疏筋之要药，善于治疗颈椎病，需大量才能起效，故临证 60 g、80 g、100 g 不等，与辨证相结合能起奇效。方中怀牛膝与川牛膝同用，怀牛膝善补肝肾之阴，川牛膝善于活血通经，引血下行，二药同用，互相补充，共凑补肝肾、活血通经之功。生地黄助怀牛膝滋补肝肾；肝为风木之脏，体阴而用阳，宜平宜柔宜缓，方中天麻平肝熄风，白芍柔肝缓急；肝肾阴不足，肝阳易偏亢，予龙骨、牡蛎平肝潜阳；同时配伍川芎、丹参、生山楂活血化瘀。全方共凑滋补肝肾、柔肝熄风之功。

12. 通窍活血汤加减治疗耳鸣

杨某某，男，56 岁，因"左耳耳鸣 3 月余"就诊。3 月余前患者无明显诱因出现左耳耳鸣明显，摇摆头部时明显加重，无听力减退、头痛头晕、口干口苦等。二便可，纳可，眠可。刻诊：神清神可，左耳耳鸣明显，舌体略胖大浅齿印，舌质淡偏瘀暗，苔薄白，脉弦涩。

诊断：耳鸣。
辨证：瘀血阻窍。
治法：活血化瘀，通窍活络。
方剂：通窍活血汤加味。
药物：川芎 60 g　　白芷 30 g　　桃仁 10 g　　红花 10 g
　　　赤芍 15 g　　葱白 3 根　　生姜 3 片　　大枣 15 g
　　　白酒 1 两　　蝉蜕 15 g　　远志 15 g　　石菖蒲 15 g
　　　磁石 30 g

7 剂，水煎服，一日一剂，一日三次。

二诊：患者诉服 3 剂后耳鸣已缓解一半，服用 7 剂后耳鸣缓解 7~8 成，目前仅用力摇头时稍感左耳耳鸣，稍感颈部强痛不适。续原方加葛根 120 g，7 剂。

1 月后电话随访耳鸣已痊愈。

按语：本案患者耳鸣 3 月余，余无特殊不适症状。结合舌脉，考虑患者为瘀血阻窍。陈老取通窍活血汤之义，通窍活血汤出自清代医家王清任《医林改错》，王清任的五个逐瘀汤中，通窍活血汤治头面四肢、周身血管血瘀之症。方中赤芍、川芎行血活血，桃仁、红花活血通络，葱、姜辛散，能通达上下表里之血脉，为通阳活血之品；远志、石菖蒲、白芷替代麝香，辛温开窍，黄酒通络；佐以大枣缓和芳香辛窜药物之性。其中远志、石菖蒲辛温，功专开窍通闭，因而用为主要药，与姜、葱、白酒配伍更能通络开窍，通利气血运行的道路，从而使赤芍、川芎、桃仁、红花更能发挥其活血通络的作用；加以蝉蜕祛风通络，磁石通肾经，治耳鸣耳聋；方中姜枣配合，可以补脾益胃，缓和方中其他辛香过烈之性，保护脾胃。患者共诊 2 次，服用中药治疗临床疗效确切，耳鸣痊愈。

13. 柴胡桂枝龙骨牡蛎汤加味治疗原发性三叉神经痛

漆某，女，48 岁，因"左下颌刀割样疼痛 3 月"就诊。3 月前患者无明显诱因出现左下颌疼痛，呈刀割样疼痛，疼痛无规律，在无洗脸、刷牙、张嘴、进食等诱因时均会自发出现疼痛，白天明显，夜间睡着后消失，无夜间痛醒现象，无其他伴随症状，当时认为是牙痛，服用甲硝唑、螺旋霉素等药物无效，先后就诊于某中医医院及某西医医院神经内科，诊断为原发性三叉神经痛，予卡马西平片治疗2周，稍减轻，但不明显，遂予射频调节1次，效果仍不明显，病人惧怕神经阻断治疗的副作用而求治于陈老。刻诊：左下颌刀割样疼痛，疼痛无规律，白天明显，夜间睡着后消失。大小便正常。舌质淡，苔薄黄，脉弦细。

诊断：三叉神经痛。

辨证：太少合病，枢机不利。

治法：疏利三焦，调和营卫。

方剂：柴胡桂枝龙骨牡蛎汤加味。

药物：柴胡 15 g　　黄芩 15 g　　法半夏 15 g　　党参 30 g
　　　炙甘草 15 g　桂枝 15 g　　白芍 30 g　　　代赭石 30 g
　　　龙骨 30 g　　牡蛎 30 g　　露蜂房 30 g　　炒蒺藜 20 g

5剂，水煎服，每剂加生姜3片，一日一剂，一日三次。

二诊：患者诉左下颌疼痛明显好转，在咀嚼、刷牙等刺激时可出现疼痛，但程度减轻一半，已无自发性疼痛。舌质淡，苔薄黄，脉弦细，继续原方原法服用5剂。

后电话回访，患者诉左下颌疼痛已明显缓解。

按语：原发性三叉神经痛是一种发作性三叉神经支配区内的短暂、剧烈疼痛，是临床常见病、多发病，被称为最顽固的疼痛，属中医"面痛""头痛"范畴。陈老认为本病病机为太少合病、营卫不和，三焦枢机不利，气机阻滞，气血失调，不痛则痛，治以疏利三焦，调和营卫，气血畅则痛自止，方选柴胡桂枝龙骨牡蛎汤加味。

陈老之柴胡桂枝龙骨牡蛎汤取意于柴胡加龙骨牡蛎汤，在该方基础上精简提炼。该方出自《伤寒论》第107条："伤寒八九日，下之，胸满烦惊，小便不利，谵语，一身尽重，不可转侧者，柴胡加龙骨牡蛎汤主之。"主治伤寒往来寒热，胸胁苦满，烦躁惊狂不安，时有谵语，身重难以转侧。方中融合了小柴胡汤、桂枝汤、桂枝加龙骨牡蛎汤之意。小柴胡汤和解少阳之邪，疏利三焦气机，扶正祛邪；桂枝汤治太阳之表，调和营卫、气血兼柔肝缓急；桂枝加龙骨牡蛎汤调和阴阳，且潜镇摄纳。陈老考虑原方中铅丹有毒，用代赭石替代，去原方中大黄、茯苓而成柴胡桂枝龙骨牡蛎汤。

柴胡桂枝龙骨牡蛎汤共融祛邪扶正，疏利三焦，调和营卫，木土同治于一体。其中柴胡气质轻清，升达疏透，能使少阳邪热外解；黄芩苦寒质重，清泄邪火，能使少阳邪热内消，二者相互配伍，外透内泄，能使少阳半表半里之邪一时并解；半夏降逆止呕；党参扶助正气；桂枝温阳，芍药敛阴，桂芍合用能温阳敛阴；龙骨、牡蛎、代赭石镇肝潜阳、重镇安神；生姜，大枣，甘草，不仅能助桂芍以调营卫，同时可以调药和中，扶助正气；加蜂房、炒蒺藜祛风通络止痛，陈老本欲用全蝎、蜈蚣，然因两药均十分昂贵，故以蜂房、炒蒺藜代之。白芍合甘草为芍药甘草汤，能缓急止痛，故重用白芍 30 g。陈老常告诫学生：痛症偏寒者，不宜生用、单用、多用，用之无功，反益其痛。

14. 潜阳封髓丹加味治疗头痛

白某某，男，39 岁，因 "头痛 5 年" 就诊。5 年前患者无明显诱因出现头痛、头昏，开始呈间歇性，数周或数月发作，近 2 年头痛基本呈持续性发作，每天且固定在下午 5—10 点，痛从太阳穴上至头顶，注意力不能集中，痛得厉害的时候只能躺在床上不动，伴足冷，颈项强，眼干，手麻，入睡困难，汗多，纳可，大便长期不成形，小便可。舌体胖大，浅齿印，舌质淡略红，苔白，脉弱。患者近年来四处求医，刚开始西药止痛药有效，可以缓解头痛，后来逐渐完全无效，今于陈老处就诊。

诊断：头痛。

辨证：虚阳上浮。

治法：温肾潜阳，引火归原。

方剂：潜阳封髓丹加减。

药物：干姜 20 g　　肉桂 15 g　　盐黄柏 20 g　　砂仁 20 g（后下）
　　　龙骨 30 g　　牡蛎 30 g　　吴茱萸 20 g　　炙甘草 15 g
　　　白附片 30 g（先煎）　　醋龟甲 20 g（先煎）

3 剂，一日一剂，一天三次，口服。

二诊：患者诉头痛明显减轻，白天痛的时间减少，疼痛程度减轻，大便较前成形，睡眠略有改善，舌体胖大，舌质淡红，苔薄白，脉弱。续用原方 4 剂，在原方基础上吴茱萸加量至 30 g。

三诊：患者诉前症皆有好转，偶尔头痛，在下午五六点这个时间段。大便成形，怕冷缓解。舌体略胖大，舌质淡红，苔薄白，脉弱。续用原方 6 剂。

四诊：患者诉头痛完全缓解。续用原方巩固病情，吴茱萸减至 20 g。

按语：陈老注意到患者头痛的时间每天固定在下午 5—10 点，刚好是子午流注肾经开始的时间，治疗上应该从肾虚的角度出发。

按子午流注来看，这段时间经过了酉时的肾经、戌时的心包经、亥时的三焦经。酉时（17—19 点），肾经最旺，"肾藏生殖之精和五脏六腑之精。肾为先天之根。"戌时（19—21 点），心包经最旺，"心包为心之外膜，附有脉络，气血通行之道。邪不能容，容之心伤。"亥时（21—23 点），三焦经最旺，三焦是六腑中最大的腑，有主持诸气、疏通水道的作用。亥时三焦通百脉。百脉皆通，所以患者的头痛往往在这个时候结束，古籍《灵枢》言："经脉流行不止，与天同度，与地同纪。"

本案患者正值壮年，多年前或因情志所伤、饮食不节、劳逸失调、久病体虚等因素引起脏腑机能紊乱，气血失和，阴阳失调导致头痛，其病发展久矣，肾阳亏虚，里阳受损，火不暖土，脾阳不足，而见便不成形，命门火衰，宗筋弛缓，心肾不交，心火独亢，扰动心神，故睡眠欠佳，故辨证为"虚阳上浮证"。治疗上予以温肾潜阳，引火归元。选方潜阳封髓丹加减，全方温阳补肾，滋阴降火，平衡肾中阴阳。

该方由火神派鼻祖郑钦安所创的潜阳丹及元代许国祯记载的封髓丹共同组成。潜阳丹由砂仁，附子，龟甲，甘草组成。郑钦安论潜阳丹："夫西砂辛温，能宣中宫一切阴邪，又能纳气归肾。附子辛热，能补坎中真阳，真阳为君火之种，补真火即是壮君火也。况龟板一物坚硬，得水之精气而生，有通阴助阳之力，世人以利水滋阴目之，悖其功也。佐以甘草补中，有伏火互根之妙，故曰潜阳。"

封髓丹由黄柏、砂仁、甘草组成。《御药院方》记载其功效："降心火，益肾水。"郑钦安论封髓丹："夫黄柏味苦入心，禀天冬寒水之气而入肾，色黄而入脾，脾也者，调和水火之枢也，独此一味，三才之义已具。况西砂辛温，能纳五脏之气而归肾，甘草调和上下，又能伏火，真火伏藏，则人身之根蒂永固，故曰封髓。其中更有至妙者，黄柏之苦，合甘草之甘，苦甘能化阴。西砂之辛，合甘草之甘，辛甘能化阳。阴阳合化，交会中宫，则水火既济，而三才之道，其在斯矣。"

（四）脾胃系病症

1. 黄芪建中汤治疗脾胃虚寒型胃脘痛病

陈某，女，45岁，因"反复胃脘胀痛1月"就诊。1月前患者无明显诱因出现胃脘胀痛，进食后症状明显加重，无打嗝、反酸，平素感胃脘持续冷痛不适，畏寒肢冷，纳差，眠一般，小便正常，大便不成形，舌体略胖大，舌质淡红，苔薄白，脉沉弱。查体：剑突下及脐周压痛阳性。

诊断：胃脘痛病。

辨证：脾胃虚寒证。

治法：温中补虚，和里缓急。

方剂：黄芪建中汤加减。

药物：附子 30 g　　　生姜 5 片　　　炙黄芪 30 g　　　党参 30 g
　　　桂枝 15 g　　　白芍 30 g　　　大枣 30 g　　　炙甘草 15 g

8剂，水煎服，两日一剂，一日三次。

二诊：患者诉胃脘痛较前明显减轻，饮食情况较前好转，偶有进食后胃脘不适，大便成形，畏寒肢冷情况好转大半，患者诉时有乳房胀满不适，舌淡苔薄白，脉弦。上方加吴茱萸 10 g，余药不变，继服 7 剂，具体方药如下：

　　　附子 30 g　　　生姜 5 片　　　炙黄芪 30 g　　　党参 30 g
　　　桂枝 15 g　　　白芍 30 g　　　大枣 30 g　　　炙甘草 15 g
　　　吴茱萸 10 g

7剂，水煎服，两日一剂，一日三次。

1周后电话随访，患者诸症皆除，未诉胃脘胀痛隐痛，无畏寒肢冷情况发作，纳眠可，二便正常，无明显乳房胀痛。

按语：古代医家对胃脘痛的基本病机为二：一种以气滞为基本病机，另一种以气机脾胃虚弱，升降失调为基本病机。但总而言之"即胃脘痛是以脾胃虚弱，气机升降失调为基础，气机升降失调，脾气不升，胃气不降，气因之而郁滞，食因之而积滞阻于中焦胃腑，以致经络不通而痛"。中医理论认为，胃脘痛病病因多责之饮食失调、忧思恼怒、脾胃受损或肾阳不足等，治疗应以温中健脾益气、和胃止痛为治疗原则。黄芪建中汤为张仲景所创，由小建中汤加黄芪而成，原方由黄芪一两半、桂枝三两（去皮）、芍药六两、炙甘草二两、生姜三两、大枣十二枚、饴糖一升所组成。《金匮要略·血痹虚劳病脉证并治》:"虚劳里急,诸不足,黄芪建中汤主之。"吴谦《医宗金鉴》:"黄芪建中汤,建立中外两虚,非单谓里急一证之治也。"因此本方应用广泛,凡虚劳里急、内伤诸症均可使用。本病案中患者胃脘胀痛,中医辨证为脾胃虚寒证,故陈老辨证使用黄芪建中汤温中补虚、和里缓急。方中桂枝可解表和营、通阳散寒、温化水气、补益里虚、平降冲逆;芍药养血敛阴、柔肝止痛、平肝阳;甘草补中益气、泻火解毒、润肺祛痰、缓和药性、缓急定痛;大枣补脾和胃、养营安神、缓和药性;生姜发汗解表、温中止呕、解毒;党参替代饴糖的补中缓痛作用,增强补益气血之功,则气血充盈,脾胃升降有序。患者平素胃脘冷痛,畏寒肢冷,寒象明显,故陈老加用附子温阳散寒,附子为温里药,性热,味辛、甘,回阳救逆,补火助阳,散寒止痛。二诊时患者诉胃脘痛症状明显缓解,故予以前方继服,因患者诉乳房胀痛,陈老考虑肝经虚寒,故予以吴茱萸散寒止痛。诸药共用,共奏温中补虚,和里缓急之功。

2. 升降温里法治疗胃痞

杨某某,女,74岁,因"胃脘胀满1年"就诊。1年前患者出现胃脘胀满、腹部冷痛、畏寒,伴肛门坠胀感、打嗝、反酸、口苦、吞咽困难,自觉喉中异物感,时有心累,气紧,无胸背痛、胸闷,经西药治疗症状改善不明显。纳眠差,大便3日未解,小便可,舌质淡,苔白,脉弱。近1年体重减轻3 kg。

诊断:胃痞。

辨证:寒热错杂,中气下陷。

治法:升清降逆,温中消痞。

方剂:自拟升降温里汤。

药物:白附片30 g   干姜30 g   炙甘草15 g   升麻15 g
     北柴胡15 g   党参30 g   黄芪30 g   枳实20 g
     白术60 g   陈皮15 g   当归12 g   法半夏30 g
     酒黄连10 g   大枣30 g

4剂,一日一剂,一日三次。

二诊：患者诉前症：胃脘胀满、口苦、吞咽困难、喉中异物感、肛门坠胀感均较前好转，腹冷痛较前减轻，仍有畏寒，轻微打嗝、反酸。纳差，夜眠可，大便偏干。续前方加吴茱萸3g，处方如下：

白附片 30 g	干姜 30 g	炙甘草 15 g	升麻 15 g
北柴胡 15 g	党参 30 g	黄芪 30 g	枳实 20 g
白术 60 g	陈皮 15 g	当归 12 g	法半夏 30 g
酒黄连 10 g	大枣 30 g	吴茱萸 3 g	

6剂，一日一剂，一日三次。

半月后电话回访，患者胃脘胀痛、吞咽困难、肛门坠胀等症状明显缓解，大便正常。

按语：脾与胃同居中焦，脾主运化，胃主受纳，脾主升，胃主降，脾以升为健，胃以降为顺，脾胃一升一降，共同调节人体气机，为气机调节枢纽。中焦气机不利，升降失常，发为胃痞。此患者年老气虚，气机升降失常则胃脘部胀满疼痛，脾胃气虚、中气下陷、清阳不升则肛门坠痛、头晕，中焦气机升降失常则打嗝、口苦、泛酸，气损及阳，阳气不足则腹部冷痛、畏寒，气虚则推动无力致大便干结。此病症为脾胃气虚，中气下陷，气损及阳，阳气不足，寒热虚实夹杂所导致的胃痞。治疗上陈老采用升降温里法诊治，自拟升降温里汤主要由半夏泻心汤、四逆汤、补中益气汤加减而成。半夏泻心汤是治疗寒热错杂型脾胃病最具代表性的方剂，方中半夏、干姜属于辛温之品，既能温脾寒，又能消痞散结，以消胃脘痞闷；黄连属于苦寒之品，可清胃中之热；党参、大枣、炙甘草，属于甘温之品，可以益气补虚，补益脾胃。全方寒热并治，辛开苦降，补泻兼施，以达清热散寒、降逆消痞、和胃理脾之功。吴茱萸有制酸止痛的功效，与黄连相伍成左金丸调和肝脾，和胃止痛，能够消痞、消食，对胃痛的治疗有确切的辅助治疗作用。而通过现代药理研究发现，吴茱萸具有止呕、镇痛等作用；半夏泻心汤联合左金丸治疗胃痛既遵循了中医辨证施治的法则，又与现代医学慢性胃炎的基本治疗相吻合，因此对胃痛有较好的疗效。患者自诉腹部冷痛，畏寒，属太阴虚寒证，方用四逆汤温中散寒，四逆汤中用大辛大热之附子为君，温壮肾阳，破散阴寒，以辛热之干姜为臣药温中散寒，附子与干姜配伍，温先天以养后天，温后天以养先天，相须为用，以温养肾阳以破除阴寒，方中用炙甘草缓和附子、干姜峻烈之性，防止大辛大热之品在破阴温阳又无暴散之虑，又能益气补中，温补相兼，以治太阴虚寒之证。患者肛门坠胀，系中气下陷之证，对于中气下陷之胃痛，在应用补中益气汤的同时，应用枳实，现代药理研究证明，枳实对胃肠平滑肌有明显的兴奋作用，补气不忘行气，在肛门坠胀疾病治疗上，给予补中益气汤合枳术丸汤剂治疗，可让气体得到调畅，人体脾胃肠得到恢复。方中柴胡、升麻、炙甘草、白术、黄芪等药物可升脾阳、补脾胃气；柴胡亦可升清；陈皮、当归、枳实等可降低胃肠积滞。一降一升，调畅气机，升清降浊，调和人体肠、胃、脾功能，畅通大便，人体得安。

3. 附子理中汤合苓桂术甘汤治疗腹泻

邓某某，男，51岁，因"反复腹泻4年"就诊。4年前患者无明显诱因出现腹泻，在广东当地中西医久治不愈，后到江西赣州中医院就诊服药效果欠佳，当地医生推荐其至陈老处就诊。刻诊：大便日行4~5次，溏便。伴口干、腹冷、腰痛、怕冷、口中多泡沫痰、夜间胸闷等症状。无发热，无黑朦，无恶心呕吐，纳可，眠差，小便黄。舌体胖大齿印，舌质淡红，苔白，脉小滑。

诊断：泄泻病。

辨证：脾肾阳虚。

治法：温阳散寒化饮。

方剂：附子理中汤合苓桂术甘汤加减。

药物：　白附片 30 g　　　炒白术 30 g　　　党参 30 g　　　干姜 20 g
　　　　桂枝 30 g　　　　茯苓 30 g　　　　炙甘草 15 g

3剂，水煎服，一日一剂，一日三次。

二诊：患者自诉服药后腹泻明显改善，现日行2次，第一次大便成形，肠鸣及泡沫痰减少，口干好转，昨日外出玩耍食用生冷之品后腹痛，今日晨起大便溏，未诉其余不适，舌体胖大有齿印，舌质淡红，苔薄白，脉小滑。效不更方，在原方基础上附片、干姜加量，具体方药如下：

　　　　白附片 40 g　　　炒白术 30 g　　　党参 30 g　　　干姜 30 g
　　　　桂枝 30 g　　　　茯苓 40 g　　　　炙甘草 15 g

5剂，水煎服，一日一剂，一日三次。

10天后电话随访患者，诉口干、腹冷、腰痛、怕冷、口中多泡沫痰、夜间胸闷等症状皆好转，大便日行一次，成形，余未诉其余不适。

按语： 患者中年男性，病程较久，迁延未愈。其年岁渐长，命门火衰，先天之本衰微，故身体畏寒；火不暖土，素体中焦阳虚，饮食失宜，湿邪壅滞，更伤阳气，运化失职、升降失常，湿滞中焦，气机不畅，故大便清溏。脾主中州，职司气化，为气机升降之枢纽，脾阳不足，健运失职，湿滞而为痰为饮。《素问·经脉别论》中载："饮入于胃，游溢精气，上输于脾，脾气散精，上归于肺，通调水道，下输膀胱，水精四布，五经并行"，脾失健运，津液不能输布，故见口干。舌淡胖，苔白，脉滑弱皆为痰饮内停之征。仲景云："病痰饮者，当以温药和之"，故治当温阳化饮，健脾利水，且两方相合更增强其温阳之功。方中白附片、党参配合补火助阳，运脾土，振奋中阳，中阳振复，升发运转，可使清升浊降，肠胃功能恢复正常；干姜温中健脾，重用甘淡之茯苓，健脾利水、渗湿化饮，能消已聚之痰饮。饮为阴邪，非温药不化，得温使开，得阳使运，以辛温之桂枝，温阳以化痰饮。茯苓、桂枝配伍，一利一温，有温阳化气、利水渗湿之效。以白术健脾燥湿，助茯苓培土制水、健脾祛湿，白术与茯苓相须为用，治生痰之源以治本；桂枝与白术同用，有温阳健脾之功。甘草甘平，有补脾益气、止咳祛痰之功效。投药问路，验之辨证准确，陈老果断加大温阳药剂量，以求量大效宏。陈老一直强调，临床诊疗，要踏实学习，辨证准确后要胸有成竹，仅靠简单几味中药，配伍合理，即可药专力宏。

4. 益气润肠汤治疗便秘

杨某某，女，68岁，因"便秘7月"就诊。7月前患者因骨盆骨折后出现大便干结、如羊矢状，每日需服用果导片或麻仁丸帮助解便，停药就干结难解，伴眠差，出汗。刻诊：大便干结难解、如羊矢状、乏力、纳少、盗汗、眠差。舌质嫩红，苔薄白，脉细弱。

诊断：便秘。

辨证：气虚津亏。

治法：健脾益气行滞，滋阴润肠通便。

方剂：自拟益气润肠汤加味。

药物：生地黄 80 g　　玄参 30 g　　白芍 30 g　　炙甘草 15 g

炙升麻 15 g　　　黄芪 15 g　　　郁李仁 30 g　　　白术 100 g

枳实 30 g

10剂，水煎服，一日一剂，一日三次。

半月后随访，患者大便干结难解、盗汗已经明显好转，大便已通畅，每日1次，呈香蕉便。

按语：从气血津液病机辨证而言，对年老体弱及病后体虚所致的慢性习惯性或老年性虚症便秘，均可因体质的不同，而出现气虚阳衰、阴亏血少等情况，导致大肠传导无力，或肠道失濡，而致大便秘结。如《诸病源候论·大便病诸候》说："大便不通者，由三焦五脏不和，冷热之气不调，热气偏入肠胃，津液竭燥，故令糟粕痞结，壅塞不通也。"明确指出津液不足、糟粕内结、水不能行舟是便秘发生的机理。金元时期朱丹溪在《丹溪心法》指出老年便秘的病因病机为"中气不足"和"阴亏血损"。又如《兰室秘藏·大便结燥门》曰："又有年老体虚，津液不足而结燥者。"皆说明气虚而大肠传导无力，或血虚津枯，不能下润大肠皆可使大便艰难，排出不畅。此案为老年患者，久病卧床，劳倦内伤，体质虚弱，致中气不足和阴亏血损，肠道失润、大肠传导无力，出现大便干结，排出不畅。与肺、胃、肝、脾、肾等脏腑的功能失调有关而致气虚津亏。针对本病病机，陈老以补气健脾行滞、滋阴润肠，自拟益气润肠方，方中生地黄、玄参、白芍滋阴生津；黄芪、炙升麻补中益气升清；白术、炙甘草健脾助运；郁李仁、枳实润肠通腑。诸药合用，补虚而不壅滞，滋阴而不碍脾，达到补气健脾行滞、滋阴润肠通便之功效。

5. 安中散加减治疗胃痛

袁某，女，39岁，因"胃痛1周"就诊。1周前患者因起居饮食不慎出现胃痛不适，呈阵发性隐痛，夜间疼痛稍显，按压或局部热敷后可有所缓解，伴轻微胃胀，偶有嗳气，长期大便不成形，每日1～2次，无恶寒、发热、头昏、头痛、流涕、喷嚏，无恶心呕吐、反酸、烧心，未经诊治，今日就医。刻诊：颜面稍少华，气息平和，语音清晰，语声有力，舌体略胖大浅齿印，舌质淡，苔薄白，脉弦。

诊断：胃痛。

辨证：寒邪犯胃。

治法：温中散寒，行气止痛。

方剂：安中散加味。

药物：肉桂10 g　　延胡索15 g　　高良姜20 g　　砂仁15 g（后下）

　　　牡蛎30 g　　炙甘草15 g　　白芍15 g　　　小茴香10 g

6剂，水煎服，一日一剂，一日三次。

二诊：诉服1剂即感明显好转，胃痛减轻，6剂服完已无不适。

按语：患者长期大便不成形，平素脾胃不佳，现以胃痛、胃胀、夜间痛、嗳气为主症，中医辨病应为胃痛。《素问》说："寒气客于肠胃间，膜原之下，血不能散，小络急引，故痛。"寒邪犯胃，阳气被遏，气机阻滞，不通则痛，故见胃脘部疼痛。寒邪得温而散，遇冷则凝，故进食生冷饮食疼痛加重，进食热饮后疼痛可缓解。舌质淡、苔薄白均为寒邪之象。故治以温中散寒、行气止痛，选方安中散加减。安中散，出自宋代《太平惠民和剂局方》，全方由玄胡索、高良姜、干姜、小茴香、肉桂、牡蛎、甘草组成，具有行气散寒止痛之效。方中用高良姜味辛、性热，归脾胃经，可温中散寒止痛；延胡索行气止痛；砂仁味辛、性温，归脾胃肾经，可行气调中、和胃；小茴香味辛、性温，归肝肾脾胃经，可散寒止痛、理气和胃，《本草汇言》称其为"温中快气之药也"；肉桂可温里散寒止痛；牡蛎咸、涩，微寒，归肝胆肾经，有重镇安神、潜阳补阴、软坚散结之效，可和胃止痛、制酸，并能潜阳，以防温热过度；白芍味苦、微寒，归肝脾经，可酸甘养血敛阴、柔急止痛、调和肝脾，配甘草为芍药甘草汤之应用，该方来自《伤寒论》，主治津液受损，阴血不足，筋脉失于濡养所致诸症，具有调和肝脾、缓急止痛之作用。诸药合用，共奏温中散寒、行气止痛之效。

6. 鸡矢藤汤治疗腹痛

陈某，男，51岁，因"腹痛半年"就诊。患者半年前无明显诱因出现腹痛，遂至华西医院就诊，行胸腹部CT示：降结肠-乙状结肠区肠壁不均匀增厚，考虑占位；肝内多发低密度灶，考虑转移灶；左肾囊肿；胆囊未显示，胆总管略扩张，考虑术后改变；乙状结肠冗长。病检：距肛25cm乙状结肠查见少许腺癌。行6个疗程化疗（具体用药不详）。刻诊：患者精神可，腹部阵发性隐痛，发作次数频繁，面色㿠白，纳可，眠可，二便常。舌略胖大齿印，舌淡偏瘀暗，苔白，脉弱。

辅助检查：腹部彩超显示：肝内多发实质性占位，转移ca？肝实质回声改变，建议查血脂，胆囊切除术后，左肾囊性占位。肠镜显示：结肠新生物伴肠腔狭窄。胸腹部 CT 显示：降结肠-乙状结肠区肠壁不均匀增厚，考虑占位；肝内多发低密度灶，考虑转移灶；左肾囊肿；胆囊未显示，胆总管略扩张，考虑术后改变；乙状结肠冗长。病检：距肛 25cm 乙状结肠查见少许腺癌。肿瘤标志物检查：CEA：255 ng/mL↑，CA72-4：17.35 u/mL↑。

诊断：腹痛。

辨证：中虚脏寒。

治法：缓急止痛，温中补虚。

方剂：自拟鸡矢藤汤。

药物：鸡矢藤 100 g　白附片 60 g　党参 30 g　黄芪 60 g
　　　白芍 30 g　　炙甘草 20 g　三棱 15 g　柴胡 15 g
　　　白术 30 g　　薏苡仁 30 g　延胡索 15 g　乳香 10 g
　　　没药 10 g　　生姜 3 片

4 剂，水煎服一日一剂，一日三次。

二诊：患者诉腹痛明显缓解，偶尔隐痛，自觉口臭，面色较前红润，舌略胖大齿印，舌质淡偏瘀暗，苔薄黄，脉弱。于前方基础上加砂仁 15 g，黄柏 15 g，4 剂。

三诊：患者诉腹痛较前缓解，发作频率较前明显减少。原方续服。

按语：癌病总的因正气虚弱，气滞、瘀血、痰结等相互纠结，日久积滞而形成有形之块，故而方中重用附子，取"得阳气则生"之意；又加入了党参、黄芪补益元气；乳香、没药行气活血止痛；柴胡、延胡索行气止痛，全方标本同治。此为陈老自拟鸡矢藤汤，方中重用鸡矢藤，鸡矢藤味甘、酸，性平，归心、肝、脾、肾经，具有祛风利湿，消食化积，止咳，止痛之功，重用取其缓急止痛之意，同时亦可以治疗胃肠道疾病。鸡矢藤俗称"通幽草"，民间素有用其治疗胃肠道疾病的历史。现代药理学研究表明，鸡矢藤中含有大量的环烯醚萜苷类化合物，还有其他一些油脂和甾醇类化合物。其主要药理作用：抗肿瘤作用；抗菌、消炎、镇痛作用。方中还包含芍药甘草汤，芍药甘草汤出自《伤寒论》辨太阳病脉证并治太阳病变证篇，由芍药、炙甘草两味药物组成，具有益阴和血，柔肝止痛的功能。方中芍药酸寒，养血敛阴，柔肝止痛；甘草甘温，健脾益气，缓急止痛。二药相伍，酸甘化阴，调和肝脾，有柔筋止痛之效。

7. 苓桂术甘汤加减治疗泄泻

邱某某，男，54岁，因"腹泻2月"就诊。患者2月前无明显诱因出现腹泻，3~4次/日，为黄色稀便，无黏液脓血，无腹胀腹痛，经治疗后好转（具体不详）。近1周来每日凌晨1—2点时，腹泻3~4次，泻下粪质时烂时呈水样，进食生冷及油腻后腹泻加重，白天大便3~4次，质地偏稀，伴腹中肠鸣，全身乏力，怕冷，无腹胀腹痛、恶心呕吐、里急后重，无黏液脓血便，无头晕、心悸、气紧等症。平素纳眠可，小便正常。舌体略胖大齿印，舌质淡，苔白腻，脉细。

诊断：泄泻。

辨证：脾肾阳虚证。

治法：温补脾肾，渗湿止泻。

方剂：苓桂术甘汤加减。

药物：桂枝 30 g　　　干姜 30 g　　　茯苓 60 g　　　炒白术 30 g
　　　炙甘草 15 g　　肉桂 15 g

4剂，一日1剂，水煎 500 mL，分3次，饭后温服。

二诊：腹泻好转，大便次数减少，略干，舌体略胖大，有齿印，舌质淡，苔薄白，脉细。效不更方，守上方再服四剂。

三诊：腹泻明显好转，凌晨未再解便，大便每日两次。舌体略胖大，有齿印，舌质淡红，苔薄白，脉细，在原方基础上加党参益气健脾。

　　　桂枝 30 g　　　干姜 30 g　　　茯苓 60 g　　　炒白术 30 g
　　　炙甘草 15 g　　肉桂 15 g　　　党参 30 g

4剂，一日一剂，水煎 500 mL，分3次，饭后温服。

按语：《金匮要略·痰饮咳嗽病脉证并治第十二》提出"水走肠间，沥沥有声，谓之痰饮""病痰饮者，当以温药和之"。病痰饮者总属阳虚阴盛，本虚标实之候。其本在于脾肾虚寒，其标是指充斥于肺胃、肋下、四肢之痰饮。脾阳能运化，则饮邪自除，因饮属阴邪，最易伤人阳气，根据"寒者热之""虚者补之"的原则，用温药以温脾肾之阳而治本，脾肾阳气充盛，运化功能正常，以绝水饮之源，则饮邪自除。"温药和之"是指饮邪得温始开，得阳始运，而温药有振奋脾肾阳气、开发腠理、通行水道的作用，脾肾阳气充盛，运化水湿津液布散全身，使停饮从汗与小便解，则饮邪自除。

此患者为中年男性，素体虚弱，脾肾阳虚，脾虚湿困，命门火衰、阴寒内盛，无以温养脾胃，脾运失职，小肠无以分清泌浊，大肠无以传化，水反为湿，谷反为滞，合污而下，则见泄泻，脾主运化水湿，脾虚水湿内停，积于肠间，故患者肠鸣，如有水声，实为水湿内停，积而成饮之象。舌体略胖大，边有齿痕，舌质淡，苔白腻，脉细均为脾肾虚寒、水湿内停之征。故陈老治以温补脾肾，渗湿止泻，以苓桂术甘汤加干姜、肉桂而成。方中以干姜温运中焦，祛散寒邪，恢复脾阳，为主药；辅以肉桂补肾阳，暖脾胃，散寒通经活血；佐以白术、茯苓健脾燥湿，桂枝通阳通络；使以炙甘草调和诸药而兼补脾和中，合用具有温补脾肾、散寒渗湿止泻的作用。

8. 温脾汤治疗便秘

鲁某某，男，82岁，因"便秘10余年"就诊。10余年前患者无明显诱因反复出现排便困难，大便干结不易排出，常常数日甚至10余日排一次，常需使用通便药物大便乃出，常感腹胀满，偶有呃逆，无疼痛。曾服用中药治疗，服药时大便通畅，停药后便秘如常。刻诊：中下腹胀满，怕冷，尤以冬天明显，无腹痛。饮食睡眠一般，舌胖大，浅齿痕，苔薄白，脉沉。

诊断：便秘。

辨证：阳虚寒积。

治法：攻下寒积，温补脾阳。

方剂：温脾汤。

药物：白附子60 g（先煎）　干姜30 g　当归30 g　党参30 g
　　　炙甘草15 g　　　　　生大黄10 g　芒硝5 g（冲服）

4剂，水煎取汁500 mL，一日三次，一次150 mL。

二诊：患者诉服药第二日即通畅解便，腹胀明显缓解，无呃逆，服完4剂，大便通畅，质偏稀，腹胀消失。上方去芒硝，继服四剂。

1月后回访，大便每日1次，排便通畅。

按语：便秘的病因是多方面的，外感寒热之邪、内伤饮食情志、病后体虚、阴阳气血不足均可导致便秘。此例为阳虚寒积，《素问·厥论》曰："太阴之厥，则腹满䐜胀，后不利。"又《金匮翼·便秘》云："冷秘者，寒冷之气，横于肠胃，凝阴固结，阳气不行，津液不通。"温脾汤出自唐代孙思邈《备急千金要方》，具有温补脾阳，攻下冷积的功用，主治阳虚寒积证。其由四逆汤（姜、附、草）加人参、当归、大黄、芒硝四药所组成。四逆汤功能温脾祛寒，加大黄、芒硝，是取其泻下除积，加人参、当归，是取其益气养血。由于四逆性属温热，可以改变硝、黄苦寒之性，所以本方功专驱逐寒积。《成方便读》云："凡积之所成，无不由于正气之虚，故以参、甘以培其气，当归以养其血，使气血复其常度，则邪去而正乃不伤。病因寒起，故以姜、附之辛热，使其走者走，守者守，祛寒散结。纤悉无遗，而后硝、黄导之，由胃入肠，何患乎病不去哉？"此患者高龄，寒湿冷积阻于肠间，腑气不通，故便秘腹胀；脾阳不足，四末失于温煦，则怕冷；脉沉，是阴盛里实之征。本方证虽属寒积便秘，但脾阳不足是为致病之本，若纯用攻下，必更伤中阳；单用温补，则寒积难去，惟攻逐寒积与温补脾阳并用，方为两全之策。方中附子配大黄为君，用附子之大辛大热温壮脾阳，解散寒凝，配大黄泻下已成之冷积。芒硝润肠软坚，助大黄泻下攻积；干姜温中助阳，助白附片温中散寒，均为臣药；人参、当归益气养血，使下不伤正为佐；甘草既助人参益气，又可调和诸药为使。诸药协力，使寒邪去，积滞行，脾阳复。切中病机，大胆用方，缠绕患者10年的疾病仅二诊而愈，惊叹！

9. 升陷汤治疗气陷证

晏某某，女，64岁，因"气短、乏力伴腹胀1月"就诊。1月前患者无明显诱因出现气短、乏力，喜叹长气，伴腹胀，下午及晚上明显，口干，纳差，无胸闷、胸痛，睡眠可，大小便正常。既往史：有高血压，平素口服降压药物具体药名不详，血压控制可。刻诊：患者气短、乏力，喜叹长气，伴腹胀、纳差、口干，无嗳气反酸，无口苦、腹痛、腹泻，大小便正常，舌体胖大，浅齿痕，舌质淡红，苔白，脉沉细。

诊断：气陷证。
辨证：气虚下陷。
治法：益气升陷。
方剂：升陷汤。
药物：人参30 g　　黄芪30 g　　升麻15 g　　柴胡15 g
　　　桔梗15 g　　知母10 g

5剂，水煎服，一日一剂，一日三次，每次 150 mL。

二诊：患者诉服药后气短、腹胀、口干有所改善，仍觉乏力。舌体略胖大，苔薄白，脉沉细，上方黄芪加量为 80 g，具体处方如下：

| 人参 30 g | 黄芪 80 g | 升麻 15 g | 柴胡 15 g |
| 桔梗 15 g | 知母 10 g | | |

5剂，水煎服，一日一剂，一日三次。

三诊：患者突然出现腰痛住院不能亲自面诊，家属代诉：患者气短、乏力及腹胀症状明显好转，口干减轻，饮食也好转，要求继续开中药巩固治疗。因患者腰痛，故在上方基础上加葛根 100 g 舒经止痛，同时具有升阳、生津的作用，具体药物如下：

人参 30 g　　黄芪 80 g　　升麻 15 g　　柴胡 15 g
桔梗 15 g　　知母 10 g　　葛根 100 g

5剂，水煎服，一日一剂，一日三次。

按语：气陷证是指气虚无力升举，清阳之气应升不升，反而下陷所表现的证候。症状可见：气短不足以息，或努力呼吸，有似乎喘；或气息将停，危在顷刻。其兼证，或寒热往来，或咽干作渴，或满闷怔忡，或神昏健忘，其脉象沉迟微弱，关前尤甚。其剧者，或六脉不全。

升陷汤出自张锡纯的《医学衷中参西录》，是治疗大气下陷证的代表方剂。其所述之"大气"，实为《黄帝内经》之"宗气"。升陷汤化裁于李杲的补中益气汤，从补中益气汤方中选取黄芪、升麻、柴胡三味益气升陷的主药，加上知母和桔梗，创制了升陷汤。升陷汤从药味上少于补中益气汤，但其治疗范围却广于补中益气汤，实因二方立意不同。补中益气汤专攻于脾胃气虚，但升陷汤所升举的"大气"，除了来源于脾胃的水谷之气外，还有肺呼吸之清气。而"大气"的内涵不仅比脾胃之气更广，其作用范围和重要性也要大于水谷之气。本案中，因考虑患者气陷较重，气陷乃气虚之渐，因此遵从原方加减原则中，加用了人参，重用黄芪大补元气，使宗气得补，下陷之气得以提升。陈老在诊疗时，抓住了患者气短、喜叹长气、舌胖大，脉沉细的临床特点，辨证为气虚下陷，且患者腹胀以下午及晚上明显，符合下午阳气开始逐渐衰退的特点，口干因津液不能随气上潮所致，辨证精准，药物精简，疗效确切。

（五）肾系病症

1. 五苓散治疗尿失禁

王某某，女，75岁，因"尿失禁10月"就诊。10月前无明显诱因出现尿失禁，每当打喷嚏、大笑、运动时即有尿液自尿道流出，不能控制，直到此次尿液全部流完，患者白天一直使用尿不湿。有时小便费力。晚上入睡之前多次入厕小便。食纳可，眠可，大便正常。舌体略胖大，舌质淡红，略黯，苔白，脉细数。

诊断：尿失禁。

辨证：肾阳亏虚。

治法：温阳化气，利水渗湿。

方剂：五苓散加味。

药物：肉桂 10 g　　　桂枝 30 g　　　茯苓 30 g　　　泽泻 30 g
　　　猪苓 30 g　　　白术 30 g

5剂，水煎服，一日一剂，一日三次，每次 100 mL。

二诊：尿失禁较前好转，但白天仍需用尿不湿，晚上入睡之前多次入厕次数也明显减少。舌体略胖大，舌质略黯红，苔薄白，脉细数。效不更方，白术易为炒白术，原方继续治疗。

半月后追访，尿失禁明显好转，不需要使用尿不湿。

按语：小便的贮存与排泄依赖于膀胱。《素问·灵兰秘典论》言："膀胱者，州都之官，津液藏焉。"膀胱具备司开合的生理特性，以维持排尿与贮尿的生理平衡。《素问·宣明五气篇》言："膀胱不利为癃，不约为遗尿。"肾合膀胱，开窍于二阴，膀胱的气化有赖于肾的气化。肾阳不足，致使膀胱气化失司，故出现本例所见之尿失禁。小便费力为膀胱气化失司之象。晚上入睡之前多次入厕，舌体略胖大，苔薄白，脉细等皆为肾阳不足之征。治当温阳化气，利水渗湿。治以五苓散加味，五苓散中以利水渗湿之泽泻为君药；以猪苓、茯苓利水蠲饮；白术健脾化湿，成无己《伤寒明理方论》言："白术味甘温，脾恶湿，水饮内畜，则脾气不治，益脾胜湿，必以甘为助，故以白术为佐。"桂枝助膀胱气化；肉桂味辛，甘，性热，温补肾阳，温中逐寒，助脾运化。二诊易生白术为炒白术，增强健脾燥湿之力。

2. 春泽汤加味治疗淋证

方某某，女，58 岁，因"尿频、尿痛 1 周"就诊。1 周前患者无明显诱因出现尿频、尿痛，伴小腹坠胀，站立时加重。食纳可，夜尿 4～5 次，大便可。舌体胖，舌质淡红，苔白，脉弱。

诊断：淋证。

辨证：肾阳亏虚，膀胱气化不利。

治法：利水渗湿，温阳化气。

方剂：春泽汤加味。

药物：桂枝 30 g　　茯苓 30 g　　猪苓 15 g　　泽泻 30 g
　　　白术 30 g　　党参 15 g　　肉桂 10 g

3 剂，一日一剂，一日三次，每次 100 mL。

二诊：患者诉尿频、尿痛减轻，小腹坠胀消失，夜尿 1～2 次，原方 5 剂继服。

按语：淋之名称，始见于《内经》，《素问·六元正纪大论》称本病为"淋""淋閟"。淋者，淋漓不尽，如雨淋而下；閟，通秘，不通之意也。春泽汤见于《医方集解》，书中五苓散条下有"本方加人参，名春泽汤；再加甘草，亦名春泽汤。"《素问·灵兰秘典论》曰："膀胱者，州都之官，津液藏焉，气化则能出矣。"气化不及，水蓄于州都，则上不能润而口渴，下不能通而小便不利。水气内蓄，代谢不利，导致下肢水肿。春泽汤载于《医方集解》中，为"气虚伤湿，渴而小便不利"设。方用五苓散洁净府以通足太阳之气，渗利水湿从小便而出。加党参者，补益脾肺之气，复振气化之机，佐桂枝之温通，则水能化气，输布津液于周身。该医案中，患者尿频、尿痛，小腹坠胀，起夜次数较多，故考虑肾阳亏虚，膀胱气化不利所致。方中泽泻甘淡偏寒，直达肾与膀胱，利水渗湿；茯苓、猪苓淡渗，增强利水渗湿的功效；白术健脾而运化水湿，传输精津，使水津四布；佐以桂枝，既能外解太阳之表，又内助膀胱气化，助利小便；党参补气固摄；加肉桂以温补肾阳。

3. 肾着汤治疗腰痛

王某，男，48 岁，因"多汗 10 余年，腰痛伴阴囊潮湿 1 周"就诊。患者 10 余年前无明显诱因出现汗多、汗黏，无恶寒发热，未予特殊治疗。1 周前，不明原因出现腰痛，腰部酸重，伴阴囊潮湿不适，一日需换 3 次内裤，遂至门诊就诊。刻诊：患者汗多、汗黏，腰部酸重痛，阴囊潮湿不适，大便不成形，1~2 次/日，便黏，矢气臭秽。舌体略胖，浅齿痕，舌淡略暗，苔白，脉细。

诊断：腰痛。

辨证：寒湿阻滞。

治法：散寒化湿。

方剂：肾着汤加味。

药物：桂枝 30 g　　　炒白术 30 g　　　茯苓 30 g　　　炙甘草 15 g
　　　干姜 30 g

3 剂，一日一剂，水煎服。

二诊：患者诉腰痛、阴囊潮湿明显减轻，出汗较前减少，大便基本成形，便黏、矢气臭秽较前好转，舌体略胖，浅齿痕，舌淡略暗，苔白，脉细。于前方基础上将茯苓 30 g 改为 40 g，续服 4 剂。后电话随访，患者诉症状明显改善，故未复诊。

按语： 肾着汤，即甘姜苓术汤，《金匮要略·五脏风寒积聚病脉证并治第十一》："肾着之为病，其人身体重，腰中冷，如坐水中，形如水状，反不渴，小便自利，饮食如故，病属下焦。身劳汗出，表里冷湿，久久得之。腰以下冷痛，腹重如带五千钱，甘姜苓术汤主之。"其"着"，一般指湿邪为患。肾着之患者，自觉身体很重，腰中冷，腰以下冷痛，其中体重最明显的部位为腰，形象描述为"如带五千钱"，以此来体现腰部重的感觉。劳作而汗出，腠理疏松，冷湿趁机黏身，邪气由玄府而入滞于经络，进而导致寒湿之邪阻滞经络。

患者历来汗多，腠理不固，寒湿之邪侵袭。《内经》中"病机十九条"则云："诸湿肿满，皆属于脾""诸寒收引，皆属于肾"。湿邪困脾，脾主运化水湿，脾失健运。寒邪入肾。肾阳不足以温脾阳，腰为肾之府，故而腰痛。寒湿下注下焦，则见阴囊部潮湿。方中用白术不但燥脾祛湿，又能利腰脐之气；茯苓之甘淡渗湿，又能化气行水，导水湿之气，从膀胱而出；更得干姜之辛温以暖土气，土气暖而湿立消；复得甘草之甘以缓之，而湿邪自化为乌有矣；又加以桂枝温阳化气。全方合奏温阳化气，散寒化湿之功。

4. 黄芪防己汤合五皮饮治疗水肿

向某，女，54岁，因"颜面及双下肢水肿2月余"就诊。2月余前患者无明显诱因出现颜面及双下肢水肿，在当地医院服用中药后颜面部水肿基本消失，双下肢水肿反复出现，按之凹陷，疗效不佳，遂来我院就诊。刻诊：双下肢水肿，伴打嗝、嗜睡乏力，纳可，二便正常，平素体胖。舌胖大淡嫩，边有浅齿印，质淡红，苔白腻，脉细。

诊断：水肿。
辨证：脾虚湿盛。
治法：健脾化湿，通阳利水。
方剂：黄芪防己汤合五皮饮加减。

药物：黄芪80 g　　桂枝30 g　　白术30 g　　汉防己30 g
　　　陈皮20 g　　茯苓皮30 g　　桑白皮30 g　　大腹皮30 g
　　　生姜5块

三日2剂，水煎取汁800 mL，每次200 mL，一日三次，饭后温服。

二诊：患者诉水肿基本消失，仍打嗝，故在前方基础上再加用陈皮20 g。后电话随访多次，患者自诉水肿、打嗝一并消失，从未复发。

按语：黄芪防己汤出自《金匮要略》："风湿，脉浮，身重，汗出恶风者，防己黄芪汤主之。"陈老重用黄芪补气固表，健脾行水消肿，为君药；以防己祛风行水，与黄芪相配，补气利水作用增强，且利水而不伤正，为臣药；佐以白术健脾胜湿，与黄芪相配，益气固表之力更大；桂枝温阳化气。另一方面，脾胃为后天之本，共主受纳运化，位居中焦，通连上下，实为人体气机升降出入的枢纽。陈老认为该病的重要致病因素是气机不顺，故调理气机也是突破点。于是运用五皮饮利水消肿的同时，巧妙地加倍陈皮用量。陈皮正如《本草汇言》道："味辛善散，故能开气；胃苦开泄，故能行痰；其气温平，善于通达，故能止呕、止咳，健脾和胃者也。"东垣曰："夫人以脾胃为主，而治病以调气为先，如欲调气健脾者，橘皮之功居其首焉。"该方精简，却能健脾行气，气机调顺，水道通利，故水肿、打嗝顽固之证迅速治愈。

5. 防己黄芪汤合五苓散治疗水肿

范某某，女，44岁，因"全身水肿伴小便不畅1周"就诊。1周前患者无明显诱因出现全身水肿，伴小便不畅、量少、身倦乏力、失眠、出汗等症状，遂来陈老工作室就诊。刻诊：全身水肿，戒指都无法正常摘取，小便量少，解之不畅，身倦乏力，长期失眠，纳可，二便调，舌体略胖，浅齿印，舌质淡红偏瘀暗，苔白，脉弱。

诊断：水肿。

辨证：气虚水泛证。

治法：益气通阳，利水消肿。

方剂：防己黄芪汤合五苓散加减。

药物：桂枝 30 g　　茯苓 30 g　　泽泻 30 g　　猪苓 15 g
　　　白术 30 g　　汉防己 30 g　黄芪 30 g

6 剂，水煎服，一日一剂，一日三次。

二诊：患者水肿明显改善，出汗较前好转。患者诉腰腹部发凉 20 余年，月经量少，眠欠佳，舌质暗红，苔薄白，脉弱。在前方基础上黄芪增至 40 g，另加白附片 30 g、肉桂 15 g、当归 30 g，以增强温通经络，益气活血之效，具体用药如下：

　　　桂枝 30 g　　茯苓 30 g　　泽泻 30 g　　猪苓 15 g
　　　白术 30 g　　汉防己 30 g　黄芪 40 g　　白附片 30 g
　　　当归 30 g　　肉桂 15 g

6 剂，水煎服，一日一剂，一日三次。

两周后就诊：患者自诉服药后水肿已愈，今日来调理月经、身冷、睡眠等问题。

按语：本证久病肺脾气虚，肺虚则卫外不固，而伤于风邪；脾虚则水湿内停；风夹水湿羁留肌肉经络所致。卫外不固，则汗出恶风；风湿郁滞肌腠、经脉，故身体重着；气虚不能运湿，则小便不利或湿积为水，犯溢肌肤，故一身浮肿。风湿在表，理当汗解，但卫气已虚，若强汗之，必重伤其表，反招风邪。表虚当固，单纯固表，则病邪不去。当益气与祛邪合法，即益气健脾，祛风行水。方用防己苦泄辛散，祛风除湿，利水消肿。黄芪补气健脾补肺，尤能固表行水。二药相伍，补气祛湿利水，祛风散寒固表，共为君药。白术补脾燥湿，既助黄芪补气固表，又助防己祛湿利水，为臣药。泽泻取其甘淡性寒，直达肾与膀胱，利水渗湿；茯苓、猪苓淡渗，增强利水渗湿之力；白术健脾而运化水湿，转输精津，使水精四布，而不直驱于下。又佐以桂枝，一药二用，既外解太阳之表，又内助膀胱气化。两方合用，益气健脾、利水渗湿、化气解表，使水行气化，表邪得解，脾气健运，则蓄水留饮诸证自除。

（六）气血津液病症

1. 降糖方治疗消渴病

陈某某，男，54岁，因"发现血糖升高12年，伴头晕、乏力2月"就诊。患者12年前体检时发现血糖升高，后于当地医院就诊，明确诊断为2型糖尿病，曾口服降糖药物二甲双胍、格列美脲治疗，后血糖控制不佳，改为"混合重组人胰岛素注射液/甘舒霖50R早10 U、晚6 U皮下注射"降糖治疗。2月前患者无明显诱因出现头晕、乏力、耳鸣、视物模糊、肢体麻木等症状，偶有头痛，无胸闷、胸痛，无心慌、心悸，无肢体活动障碍，无抽搐等，为求进一步治疗，于陈老处就诊。刻诊：近期血糖升高，空腹血糖监测在6~7 mmol/L，餐后血糖监测在9~12 mmol/L。口干、头晕、乏力、耳鸣、视物模糊、肢体麻木，偶有头痛，纳可，眠差，小便调，大便偏干。舌体略胖大，边有齿痕，舌质红，苔白，脉细弱。

诊断：消渴病。

辨证：气阴两虚，肾精不足证。

治法：益气养阴，补肾生津。

方剂：自拟降糖方加味。

药物：葛根80 g　　山药30 g　　黄芪80 g　　山萸肉15 g
　　　丹参30 g　　麦冬15 g　　肉桂10 g　　酒黄连10 g
　　　党参30 g　　女贞子15 g　墨旱莲30 g　升麻15 g
　　　柴胡15 g　　五味子12 g

4剂，水煎服，两日一剂，一日三次。

二诊：患者诉血糖较前稍有下降，空腹血糖为6 mmol/L左右，餐后2 h血糖为8~10 mmol/L，头昏、乏力、耳鸣症状明显减轻，仍感口干、视物模糊、下肢麻木不适，精神睡眠较前好转，二便调，舌体略胖大，浅齿痕，舌质红，苔微黄，脉细。原方加桑叶30 g、菊花10 g，再开4剂，嘱患者继续服用，具体药物如下：

葛根80 g	山药30 g	黄芪80 g	山萸肉15 g
丹参30 g	麦冬15 g	肉桂10 g	酒黄连10 g
党参30 g	女贞子15 g	墨旱莲30 g	升麻15 g
柴胡15 g	五味子12 g	桑叶30 g	菊花10 g

4剂，两日一剂，沸水冲服。

半月后电话随访，患者诉胰岛素用量已减，现为"混合重组人胰岛素注射液/甘舒霖50R 早6U、晚4U 皮下注射"控制血糖，近期血糖较前控制佳，头晕、乏力、耳鸣、视物模糊、肢体麻木等症状已明显好转，欲长期服用中药调理。

按语：《素问·奇病论》曰："此肥美之所发……必数食甘美而多肥也……，故其气上溢，转为消渴"，论述消渴病的病因为饮食失节，日久胃中积热内盛，耗气伤阴，致脾失健运，气虚无力，湿浊内蕴，壅滞中焦而中阳不运，故生痰化热，胃热伤津，亦加剧气阴两虚，消渴遂生。阴虚日久可累及元气，气虚则血行推动无力，阴虚内热，耗伤津液，又可导致血行不畅，而变生他病。故消渴病的病机可概括为阴津亏损、燥热偏盛，而以阴虚为病之根本，日久由阴损及阳，可见气阴两虚，涉及肺脾肾三脏。陈老谨守病机，以消渴日久，气阴两虚为眼，自拟降糖方（葛根80 g、生地黄30 g、山药30 g、黄芪50 g、山萸肉15 g、丹参30 g、玄参15 g、天花粉15 g、麦冬15 g、党参30 g、醋五味子10 g、肉桂10 g、酒黄连10 g），方以黄芪味甘，性微温，补气升阳，助脾气上升，且能散精达肺为君药。臣以生地黄、玄参、麦冬养阴生津、滋肾润肺，清降虚火；淮山药益气养阴、补脾肺肾；山萸肉滋补肝肾之阴；重用葛根味甘性平，生津液而舒筋脉；党参味甘，补脾益肺生津，加强补气之功；天花粉清热生津；五味子益气生津、敛肾固精。佐以丹参活血化瘀通络；肉桂辛甘，补火助阳、温经通脉，黄连苦寒，折心火肃肺金以生水，二药寒热并用，交通心肾，使水火既济，使燥热解、阴津生、阴气复而消渴愈。本案患者消渴病日久，结合症状及舌脉辨证属消渴病气阴两虚证，兼有肾精不足，选自拟降糖方为主方，因其气阴两虚之征显，燥热之象微，且中焦湿浊盛，去生地黄、玄参防其滋腻，加酒女贞子、墨旱莲加强益肾敛阴之功，升麻、柴胡引清阳上升、助气化阳之功。二诊时据其口干、视物模糊、下肢麻木等症，加桑叶、菊花疏散风热、平抑肝阳，给予前方继续服用，患者服用后效果甚佳，血糖较前明显控制可，欲服中药长期调理，以减少消渴病日久的诸多病症。

2. 潜阳封髓丹治疗汗证

杨某某，女，74岁，因"多汗2年"就诊。2年前患者无明显诱因出现多汗，以两大腿内侧及胸口为主，多为半夜出汗，夜间口干、下肢冷。无恶风、发热，无咳嗽、咳痰等不适，在院外中药治疗（具体不详）后上述症状无明显缓解，遂寻求陈老诊治。刻诊：汗多，以两侧大腿内侧及胸口为主，多为半夜出汗，夜间口干、下肢冷。大便干结难解，小便调，纳眠尚可，舌体胖大，浅齿印，舌质淡红，苔薄白，脉沉细。

诊断：汗证。

辨证：虚阳外浮。

治法：温肾潜阳。

方剂：潜阳封髓丹加味。

药物：干姜 15 g　　肉桂 10 g　　黄柏 30 g　　龟板 30 g

炙甘草 15 g　　龙骨 30 g　　牡蛎 30 g

附片 30 g（久煎）　　砂仁 20 g（后下）

4剂，水煎服，一日一剂。

二诊：患者诉多年的顽疾服药一剂即出汗明显减少，余症均减，大便可解，稍干燥，小便调，舌体胖大，浅齿印，舌质淡红，苔薄白，脉沉细。原方加白芍 30 g，取其清润之效以润肠通便，继服4剂。

1月后电话回访，出汗明显减少，大便正常。

按语：《景岳全书·汗证》："自汗盗汗各有阴阳之证，不得谓自汗必属阳虚，盗汗必属阴虚也。"《内经·上古天真论》："女子七岁，肾气盛，齿更发长……六七三阳脉衰于上，面皆焦，发始白；七七任脉虚，太冲脉衰少，天癸竭，地道不通，故形坏而无子也。"患者年老，五脏精气皆衰，肾为先天之本，元气之根，肾阳不足，命门火衰，虚阳浮越，夜间阳不归阴，虚阳迫津外泄，则见汗出；虚阳上浮，熏灼津液，则见口干；结合舌脉，舌体胖大，浅齿印，舌质淡红，苔薄白，脉沉细，四诊合参，当辨证为虚阳外浮，治予温肾潜阳，方予潜阳封髓丹加味。

方中附片辛热，其性走而不守，能通行十二经，故凡阳气不足之证均可用之，尤能补益肾阳。黄元御在《玉楸药解》云龟板"味咸，性寒，入足少阴肾、足厥阴肝经。泻火滋阴，寒胃滑肠"，取其滋阴潜阳之功；黄柏苦寒以清降相火；肉桂引火归元，交通于心肾；砂仁醒脾开胃，纳五脏之气而归肾；炙甘草补中调和药性；方中加入龙骨、牡蛎收敛固涩，加强止汗之功。纵观全方，温肾阳以引火归元，阳潜则虚火得伏，津液自平。

潜阳封髓丹由火神派鼻祖郑钦安所创的潜阳丹及元代许国祯记载的封髓丹共同组成。郑钦安论潜阳丹："夫西砂辛温，能宣中宫一切阴邪，又能纳气归肾。附子辛热，能补坎中真阳，真阳为君火之种，补真火即是壮君火也。况龟板一物，坚硬，得水之精气而生，有通阴助阳之力，世人以利水滋阴目之，悖其功也。佐以甘草补中，有伏火互根之妙，故曰潜阳。"郑钦安论封髓丹："夫黄柏味苦入心，禀天冬寒水之气而入肾，色黄而入脾，脾也者，调和水火之枢也，独此一味，三才之义已具。况西砂辛温，能纳五脏之气而归肾，甘草调和上下，又能伏火，真火伏藏，则人身之根蒂永固，故曰封髓。其中更有至妙者，黄柏之苦，合甘草之甘，苦甘能化阴。西砂之辛，合甘草之甘，辛甘能化阳。阴阳合化，交会中宫，则水火既济，而三才之道，其在斯矣。"二方合用共奏温阳散寒，滋阴降火，引火归元之功。

3. 二加龙骨牡蛎治疗汗证

李某某，男，48岁，因"反复出汗1年"就诊。1年前患者无明显诱因常出现全身出汗，白天、夜晚均出汗，活动后尤甚，每天换好几身衣服，夜间出汗比白天更为严重，因长期出汗，身体较差，易感冒，睡眠质量差，易惊醒。多处就医无明显改善。刻诊：体型适中，面色萎黄，舌体略胖少许齿痕，舌质淡，苔薄白，脉细弱。

诊断：汗证。

辨证：阴阳两虚，虚火上浮。

治法：温肾潜阳，泻火固表。

方剂：二加龙骨牡蛎汤。

药物：附片 30 g（久煎）　龙骨 30 g　　牡蛎 30 g　　白薇 20

白芍 20 g　　炙甘草 15 g　　党参 30 g　　大枣 30

生姜 3 片

4 剂，水煎服，一日一剂，一日三次。

二诊：患者诉上半身出汗明显好转，下半身仍出汗明显，大便稀溏，次数约 1 次/天。舌体胖大齿痕，舌质淡红略瘀暗，脉弦细。在前方基础上加茯苓 30 g、茯神 30 g、炒白术 30 g、浮小麦 60 g 以达到健脾除湿，通利水道的作用，具体用药如下：

附片 30 g（久煎）　龙骨 30 g　　牡蛎 30 g　　白薇 20 g

白芍 20 g　　炙甘草 15 g　　党参 30 g　　大枣 30 g

茯苓 30 g　　茯神 30 g　　炒白术 30 g　　浮小麦 60 g

生姜 3 片

4 剂，水煎服，一日一剂，一日三次。

三诊：患者诉全身出汗明显好转，自汗、盗汗均明显好转。仅下半身偶有少许出汗。睡眠明显好转，大便稀溏好转。舌体胖大，苔薄白，脉弦滑。在前方基础上加桂枝 15 g 以通阳调和营卫，固肺卫之气。

附片 30 g（久煎）　龙骨 30 g　　牡蛎 30 g　　白薇 20 g

白芍 20 g　　炙甘草 15 g　　党参 30 g　　大枣 30

桂枝 15 g　　茯苓 30 g　　茯神 30 g　　炒白术 30 g

浮小麦 60 g　　生姜 3 片

4 剂，水煎服，一日一剂，一日三次。

1 月后电话回访，患者诉仅下半身有少许出汗，甚是满意。嘱其按时复诊。

按语：汗包括生理之汗、病理之汗。病理之汗是指异常汗出，是阴阳、气血、津液以及脏腑等功能的异常或邪气引起腠理开阖失司所致。病理之汗又分为：自汗、盗汗、黄汗、血汗、药汗等。其中自汗、盗汗是临床常见病，既可作为独立的病证，又可作为症状出现，伴见于其他疾病过程中。《素问·评热病论》："人所以汗出者，皆生于谷，谷生于精"言谷气化为精，精气胜乃为汗。可见汗为津液所化生，以津液为物质基础，是津液的组成部分。《素问·阴阳别论篇》载"阳加于阴谓之汗"，指出汗为心液，为心所主，是阳气蒸化阴液而形成，心血由津液所化，汗由津液所泄，故大汗不但散热过多而耗气，也会伤及津液而损于心血。故有"汗血同源"之说。津液的充盈与输布是汗出的物质基础。汗出是以阳气为推动力，通过腠理而出的，亦赖胃气的温养而使之功能正常。即卫气运行旺盛，营气随之而动，卫行脉外，营行脉中，一阴一阳，构成表里，腠理开阖正常，使汗正常排出。若阴阳脏腑气血失调，营卫不和，卫阳不固，腠理开阖不利，则汗液外泄。

该患者中年男性，病程较长，体虚，下元亏虚，火水不济，导致营卫失调，腠理不固，汗液外泄，大便稀溏。陈老用二加龙骨牡蛎汤温肾潜阳，寒热互用取得较好疗效。二加龙骨牡蛎汤见于《金匮要略·虚劳》桂枝加龙骨牡蛎汤后注文："《小品方》云：虚弱浮热汗者，除桂加白薇、附子各三分，故曰二加龙骨汤。"其具有清散上焦，温补下焦之功效。本方特点：以温为正治，以清为反佐。全方由附子、白芍、炙甘草、白薇、大枣、龙骨、牡蛎、生姜组成。方中附子为君，温补下元之火衰，佐以龙骨、牡蛎、芍药收敛固涩下潜，助附子使下焦之火归根；生姜、白薇寒温并用，以清散上焦之浮火；大枣、甘草调中以运上下。方中温中存清，补中有泻，重在白薇配附子，龙骨配牡蛎二组。附子温导浮阳守而不走；白薇从阴中泄热。寒热互用，导火泻热，不治阴虚而阴自安。配以龙骨、牡蛎镇潜摄纳，咸降益阴，合为用阳和阴之妙法。

4. 二仙汤治疗汗证

陈某，女，43岁，因"潮热汗出1月"就诊。患者1月前无明显诱因出现潮热、汗出，后颈部及腋下出汗尤甚，伴头昏，注意力不集中，记忆力减退，眠差。刻诊：情绪焦虑，潮热、汗出，伴头昏，无视物旋转，无恶心呕吐，无走路不稳及脚踩棉花感，眠差，易早醒，醒后难以入睡，纳可及二便可，既往月经正常，舌淡红偏瘀暗，苔白，脉细。

诊断：汗证。

辨证：阴阳两虚，相火妄动。

治法：滋肾阴，温肾阳，泻相火。

方剂：二仙汤加味。

药物：生地黄 30 g　　熟地黄 15 g　　山药 15 g　　山茱萸 15 g
　　　牡丹皮 15 g　　怀牛膝 30 g　　肉桂 3 g　　淫羊藿 10 g

仙茅 15 g	知母 12 g	盐黄柏 20 g	龙骨 30 g
牡蛎 30 g	砂仁 15 g	浮小麦 30 g	炙甘草 15 g

3 剂，水煎服，一日一剂，一日三次。

二诊：患者诉服药后汗出明显好转，早醒较前好转，仍感头昏，时有潮热，二便可，舌淡红偏瘀暗，苔白，脉细。原方续服 5 剂。

三诊：患者诉服药后潮热、汗出较前好转，发作频率较前减少，头昏稍缓，失眠，舌淡红偏瘀暗，苔白，脉细。于前方基础上加首乌藤 30 g，酸枣仁 15 g，处方如下：

生地黄 30 g	熟地黄 15 g	山药 15 g	山茱萸 15 g
牡丹皮 15 g	怀牛膝 30 g	肉桂 3 g	淫羊藿 10 g
仙茅 15 g	知母 12 g	盐黄柏 20 g	龙骨 30 g
牡蛎 30 g	砂仁 15 g	浮小麦 30 g	炙甘草 15 g
首乌藤 30 g	酸枣仁 15 g		

6 剂，水煎服，一日一剂，一日三次。

四诊：患者诉服药后潮热，汗出较前减少 60%～70%，睡眠较前好转，原方续服。

按语：二仙汤出自《妇产科学》，由仙茅、淫羊藿、巴戟天、当归、黄柏、知母组成，具有温肾阳、补肾精、泻相火、调冲任功效。陈老根据原二仙汤组方原则，在原方基础上进行加减以加强补肾泻相火之功。

李荣亨教授认为女性七七前后，肾气已亏，天癸衰竭，必然引起阴阳、气血失调，从而导致脏腑功能紊乱，表现出一系列肾气、肾精亏虚的症状，所以肾虚乃为根本。"诸脏之阳皆赖肾阳以煦之，诸脏之阴皆赖肾阴以濡之"，因此当肾虚之时必然累及他脏，心、肝、脾、肺功能失调，引起相关脏腑的症状。

本案患者年过四十而阴气自半，阴损及阳，肾阴阳俱虚，肾阴虚，阴火内生，虚火上炎，则见潮热、汗出；阴不潜阳，阳虚外越，迫津外泄；又阴损及阳，阳气不固，导致体表卫气不足所致腠理开合失常而出现汗液外泄。肾阴不足，肾阴不能上济于心，使心阳亢于上，而肾阴亏于下，则出现失眠、健忘等心肾不交的症候，肾虚精亏则"髓海不足，则脑转耳鸣，胫酸眩冒，目无所见"，则见头昏。遂予以二仙汤调和阴阳。方中熟地黄、山茱萸、山药、怀牛膝补肾阴，仙茅、淫羊藿温肾阳，知母、黄柏、牡丹皮泻相火，肉桂引火归元，龙骨、牡蛎平肝潜阳，收敛固涩。诸药合用，共奏滋肾阴，温肾阳，泻相火之效。

5. 苓桂术甘汤治疗汗证

兰某，男，44岁，因"手足出汗5年余"就诊。5年余前患者无明显诱因出现多汗，以手足出汗为主，稍动则汗出，无潮热、盗汗及畏寒头昏等症。于多处医院就诊，服中药（不详）治疗乏效。遂就诊于陈老门诊处。刻诊：手足多汗，双手潮润，汗后稍疲乏、微恶风，纳眠可，二便调。舌淡红胖大，苔白，脉濡。

诊断：汗证。

辨证：气化失司，脾虚失运。

治法：通阳蠲饮，健脾利水。

方剂：苓桂术甘汤加减。

药物：黄芪 100 g　　桂枝 30 g　　茯苓 30 g　　白术 40 g
　　　炙甘草 15 g　　龙骨 30 g　　牡蛎 30 g

4剂，水煎服，每日三次，一次100 mL。

二诊：患者汗出较前减少。前方基础上减去收敛之龙、牡，增加黄芪用量以加强益气固表之功，处方如下：

　　　黄芪 150 g　　桂枝 30 g　　茯苓 30 g　　白术 40 g
　　　炙甘草 15 g

6剂，水煎服，每天一剂，每日三次。

三诊：手足出汗明显减少，效不更方，上诊处方基础上继续增强益气固表、通阳行水之功，以资巩固疗效。

　　　黄芪 100 g　　桂枝 30 g　　茯苓 30 g　　白术 30 g
　　　炙甘草 15 g　　党参 30 g

6剂，水煎服，每天一剂，每日三次。

按语： 汗为心液，为水液。水饮入胃，由心脾化液成血，诸脏协同运行周身内外充养脏腑筋骨肌肤。适时适量出汗有助沟通营卫、调和阴阳。当内里脾胃运化失常，气机津液误行、四末失主，外兼内伤等因素损及太阳卫分致太阳气分不足，不能充周于腠理，毛窍空疏。稍有所动，卫外水液随气漏行于外，而不行于内，表现为濈濈汗出，手足潮湿。此属脾阳卫阳不足之狭义痰饮。以治痰饮之代表方苓桂术甘汤温阳蠲饮、健脾利水。方中茯苓淡渗利水；桂枝辛温通阳，能化膀胱之气，二者相合，以温阳消饮；白术健脾燥湿。三者协同，使失常水饮从卫外化气归营，从内行消以归于常。甘草补土又能制水。此病既水泛于外，虽肾气之发腾，亦由太阳之气化不宣，中土之湿气亦盛。今培其土，土旺自能制水化气，气行又分其水，水分而势孤，便为土所制矣。郑钦安云："自汗出，其中有素禀阳弱，或多言，或过用心，或稍劳动，而即汗出者，皆在不足之列。"故诊疗过程始终又以参芪等益气之品益气扶正。

此案诊疗过程中，循陈老治疗思路，参舌脉病症，示阳虚症状不明显，故未予温潜的桂枝加附子汤、潜阳封髓丹之属。而另辟蹊径，从水饮代谢调治。首诊以苓桂术甘汤加黄芪、龙牡温阳健脾利水兼敛涩，有所成效。二诊减去收涩之龙牡，加重黄芪益气化饮后疗效陡增。三诊则守方且加强健脾益气之品以资巩固。

6. 柴桂加附子汤治疗汗证

陈某某，女，73岁，因"反复发热、出汗20余天"就诊。患者20余天前受凉后出现咳嗽、咳痰、发热，在当地医院住院治疗，住院后经抗感染等治疗后咳嗽、咳痰明显好转，仍反复低热（37.3℃左右）、出汗、全身无力、畏寒、怕风、怕冷。多次抽血检查均未见异常。正值夏季酷暑时节，患者因低热、乏力、怕风、怕冷，故整天躺在床上，且需盖厚棉絮，穿三件毛衣，穿着秋裤，仍不敢下床，怕吹到自然风、风扇、空调。甚至连餐食都是家人送到卧室，在床上食用，更不敢出门，身体不能承受任何风邪。患病以来睡眠较差，饮食较差。1月期间体重减轻7~8斤。多处求医问诊无明显改善。患者因怕风、怕冷不敢出门，由其儿子带着当日拍的舌苔照片前来就诊。刻诊：舌体略胖少许齿痕，舌质淡偏瘀暗，苔白黄腻。

诊断：汗证。

辨证：表阳虚衰，太少合病。

治法：扶阳固本，调和营卫。

方剂：柴桂加附子汤。

药物：附片 30 g（久煎） 柴胡 15 g　　法半夏 30 g　　党参 30 g
　　　炙甘草 15 g　　黄芩 15 g　　　大枣 30 g　　　桂枝 15 g
　　　白芍 15 g　　　生姜 3 片

4 剂，煎水温服，每次 100 mL，每天三次。

二诊：患者畏寒、怕风、出汗明显好转，未再出现发热情况。食欲好转。能下床及出门活动。在家属陪同下前来就诊。患者舌体胖大，舌质瘀暗，脉细弱。陈老考虑患者明显好转，继续给予温阳固摄、调和营卫治疗。效不更方，续服 4 剂。

三诊：患者脱掉了毛衣穿两件衬衣就诊，诉全身出汗、畏寒、怕风已明显好转，因就诊前一日外出吹风后再次出现冷热交替症状，无发热。伴背部及上腹部烧灼感，睡眠稍差。患者舌体胖大，齿痕明显。薄黄苔偏腻。陈老考虑其胃部不适，睡眠稍差，故在前方基础上加薏苡仁 40 g，取半夏秫米汤之意。同时考虑其年老体虚，出汗后耗伤气阴，故加晒参 30 g 以生津补脾肺之气，具体用药如下：

　　　附片 30 g（久煎） 柴胡 15 g　　法半夏 30 g　　党参 30 g
　　　炙甘草 15 g　　黄芩 15 g　　　大枣 30 g　　　桂枝 15 g
　　　白芍 15 g　　　薏苡仁 40 g　　晒参 30 g　　　生姜 3 片

4 剂，煎水温服，每次 100 mL，每天 3 次。

四诊：患者诉无怕风、怕冷症状，出汗明显减少，体温正常，转而治疗其他疾病。

按语：柴胡桂枝汤出自《伤寒论》第 146 条："伤寒六七日，发热微恶寒，支节烦疼，微呕，心下支结，外证未去者，柴胡桂枝汤主之。"柴胡桂枝汤由小柴胡汤和桂枝汤之合方减半组成，柯韵伯谓之"双解两阳之轻剂"。原方药物组成及剂量为：柴胡四两、桂枝一两半、芍药一两半、半夏二合半、人参一两半、甘草一两、黄芩一两半、生姜一两半、大枣 6 枚。本证发热微恶寒，肢体关节烦疼，是太阳表证未除，风寒邪气未解之象；微呕，心下支结，是邪气传变而入少阳，导致少阳枢机不利之征，先师仲景用此方治疗少阳兼太阳表证的表里同病。方中桂枝性温，味辛、甘，入肺、心、膀胱经，能祛除风寒，是治疗风寒感冒、恶寒、发热的典型配药，可暖胃、通络、调血、补元阳，为君药；黄芩性寒、微苦，可清热燥湿、解毒泻火；人参可补元气，生津安神、复脉固脱、补脾益肺；半夏燥湿化痰、降逆止呕；大枣性温，归于脾胃经，可补血益气、安神补中，和其他药物联用还能调理药性；柴胡味苦、微寒，归肝胆经，疏肝升阳、和解表里，是治疗寒热往来、感冒发热之良药。诸药合用可达到调气血、解表里、祛风寒之功效，不同个体或不同临床症状者治疗时还可在基础方上酌情加减方，进而达到更优治疗效果。

该医案中，患者老年女性，因感冒后出现出汗、怕风、怕冷，甚至到不敢下床、不敢出门的严重程度，严重影响其本人及其家人的生活。多处就医无果，在陈老寥寥数味药的治疗下，效如桴鼓。在治疗该患者汗证的过程中，陈老未使用龙骨、牡蛎、浮小麦、麻黄根等收敛药物，而是在对病情精准辨证的基础上考虑到患者营卫不和，阳气不足，故用调和营卫方法加用较大剂量的附片以温阳固窍，加用晒参以益气生津固脱，从而取得了较好疗效。

7. 当归六黄汤治疗盗汗

胡某，男，65岁，因"夜间汗出3月余"就诊。患者3月前出现夜间周身汗出湿衣，每日晨起需要更换一次衣服，日间汗出少，动则甚，饮食尚可，睡眠一般。舌质偏红，苔略黄，脉细数。

诊断：盗汗。

辨证：阴虚火旺。

治法：滋阴清热，固表止汗。

方剂：当归六黄汤加味。

药物：黄芪 30 g	生地黄 30 g	熟地黄 15 g	当归 15 g
酒黄芩 15 g	酒黄连 10 g	盐黄柏 20 g	龙骨 30 g
煅牡蛎 30 g	浮小麦 40 g		

6剂，水煎 450~600 mL，分3次饭后温服。

二诊：患者服药后大汗好转明显，仅胸口稍有汗出，晨起可不更衣，效果满意。

按语：当归六黄汤由李东垣创制，出自其所著《兰室秘藏》，该方被称为"治盗汗之圣药"，主治阴虚火旺所致盗汗。《医宗金鉴·删补名医方论》中言："寤而汗出曰自汗，寐而汗出曰盗汗。阴盛则阳虚不能外固，故自汗；阳盛则阴虚不能中守，故盗汗。若阴阳平和之人，卫气昼则行阳而寤，夜则行阴而寐，阴阳既济，病安从来？惟阴虚有火之人，寐则卫气行阴，阴虚不能济阳，阴火因盛而争于阴，故阴液失守外走而汗出；寤则卫气复行出于表，阴得以静，故汗止矣。"该医案中，患者3个多月以来夜间周身汗出湿衣，每日晨起更衣，日间汗出少，故考虑阴虚火旺所致。方中当归、二地以滋阴养液，令阴液得其养；黄芩泻上焦火，黄连泻中焦火，黄柏泻下焦火，令三焦火得平；汗出营虚，则卫亦随之而虚，故倍加黄芪，补气以固已虚之卫表及未定之营阴；加龙骨以重镇安神兼以固涩；牡蛎煅用，取其收涩敛汗之性；浮小麦以养心敛汗，益气除热。诸药合用，取得了较好的疗效。本方的配伍特点：一是养血育阴与泻火彻热并进，标本兼顾，使阴固而水能制火，热清则耗阴无由；二是益气固表与育阴泻火相配，育阴泻火为本，益气固表为标，以使营阴内守，卫外固密，发热盗汗诸症相应而愈。

（七）肢体经络病症

1. 血府逐瘀汤合黄芪桂枝汤治疗痹症

刘某某，女，42岁，因"颈项及手足冷痛4月余"就诊。4个月前，患者每日骑车上班，感受外邪出现颈项冷痛，无头晕，无恶心呕吐，未予重视，继而发展为手足冷痛，自行购买小活络丹服用，颈项、手腕、足踝冷痛有所减轻，后症状反复加重，病情不好转，遂慕名而来求治。刻诊：颈项冷痛，手足腕踝冷痛，麻木，如浸水中，遇寒风加重，睡眠可，食纳可，舌体略胖大，舌质暗淡，苔白，脉细弱。

诊断：痹症。

辨证：气滞血瘀，阳郁厥逆。

治法：活血行气，通阳止痛。

方剂：血府逐瘀汤合黄芪桂枝汤加减。

药物：生地黄 30 g　　川牛膝 30 g　　牡丹皮 15 g　　丹参 30 g
　　　桔梗 15 g　　　酒川芎 15 g　　枳壳 15 g　　　柴胡 15 g
　　　桂枝 15 g　　　白芍 15 g　　　黄芪 30 g　　　大枣 30 g
　　　生姜 3 片

4 剂，日服三次，每次 150 mL。

二诊：服完 1 剂后，第二天腹中肠鸣，解 3 次稀大便。颈项冷痛缓解，手腕部、足踝部冷痛明显好转，四肢末端麻木减轻，有知觉。原方续服。

三诊：各项症状持续好转，守方 6 剂。

按语：痹证是由于风、寒、湿、热等外邪侵袭人体，闭阻经络，气血运行不畅所导致的，以肌肉、筋骨、关节发生酸痛、麻木、重着、屈伸不利，甚或关节肿大灼热等为主要临床表现的病症。陈老认为该患者每日迎风骑行，且正值初春之际，天气寒冷，腠理不密，卫外不固，风寒湿邪乘虚而入，侵袭肌腠经络，留滞于关节筋骨，寒性收引，寒性凝滞，气血痹阻不通，不通则痛，外邪侵袭经脉，首犯太阳经脉，故见颈项冷痛，肢体畏寒；气机为之郁遏，不得疏泄，阳气内郁，不能外达于四肢，久之导致阳气受损，失其温煦之能，故见冷痛至筋骨，遇冷明显，得热则舒；气血不足，风寒之邪乘虚客于血脉，使血行滞涩，运行不畅，致肌肤失于濡养而麻木不仁。痹证困扰日久，气血运行不畅日甚，瘀血阻痹经络，日久使气血伤耗，而呈现不同程度的气血亏虚症候。根据痹证的外邪特点，以祛邪活络，缓急止痛为基本原则，后期当配伍补益正气之品。《医学心悟·痹》说："治行痹者，散风为主，而以除寒祛湿佐之，大抵参以补血之剂，所谓治风先治血，血行风自灭也。治痛痹者，散寒为主，而以疏风燥湿佐之，大抵参以补火之剂，所谓热则流通，寒则凝塞，通则不痛，痛则不通。"而脉络闭阻、气血瘀滞阻碍阳气的运行，使阳气闭阻于内，不能外达，痹阻逐渐加重，缠绵难愈，因而治久痹症的关键在于振奋疏通阳气、通络止痛，因此活血通络、益气通阳止痛为治久痹症的根本大法，故陈老选方血府逐瘀汤合黄芪桂枝汤加减，两方合用，收效满意。

2. 葛根汤加附子加味治疗痛痹

林某某，女，55 岁，因"反复右侧肩部冷痛 20 余年"就诊。20 余年前患者于吹风后感右侧肩部冷痛，自觉肩部冰钻感，天热时好转，无活动障碍，可上抬，偶感麻木，伴颈僵、背部紧绷感，时有头胀，平素畏冷，无汗出，院外自行外敷膏药后可缓解，仍反复发作，今为求进一步治疗，遂来求诊于陈老。刻诊：右侧肩部冷痛，冰钻感，颈僵，背部紧绷感，畏冷，二便调，眠差，入睡困难。舌略胖大浅齿痕、质淡红，苔白，脉细缓。

诊断：痹证。

辨证：阳虚寒凝证。
治法：温阳散寒，通络止痛，祛风除湿。
方剂：葛根汤加附子加味。
药物：葛根 100 g　　麻黄 15 g　　桂枝 30 g　　赤芍 15 g
　　　炙甘草 15 g　　大枣 30 g　　生姜 3 片
　　　白附片 30 g（久煎）

2 剂，每日一剂，煎服 600 mL，每天三次，每次 200 mL 温服。

二诊：患者诉右侧肩部冰钻感及畏冷较前有所缓解，疼痛较前减轻，微汗出，夜间眠差。舌略胖大浅齿痕，舌淡略暗，苔白，脉细缓。于上方去麻黄，加当归 20 g 以养血活血，加细辛 15 g 以温阳散寒，增加白附片剂量为 60 g 以增强温阳散寒止痛之功，取当归四逆汤之义。

三诊：患者诉右侧肩部冰钻感及畏冷较前明显缓解，汗出较前增多，自觉身体较前轻松，眠差，近日解不成形稀便，约 3 次/天，无腹痛、恶心呕吐、乏力。舌略胖大浅齿痕，舌质淡红略暗，苔白，脉细缓，于上方加吴茱萸 15 g、小通草 10 g，赤芍减量至 10 g。

四诊：患者诉右侧肩部冷痛较前缓解百分之六十，颈僵、背部紧绷感较前明显缓解，睡眠时间较前延长，舌胖大齿痕、质淡，苔白，脉细缓，于上方增加当归剂量为 30 g 以加强养血活血之功。

按语：该患者为中年女性，肩痛久病不愈，平素畏冷，正气渐虚，腠理空疏，风寒湿邪乘虚而入，外邪侵袭肌腠经络，留滞于关节筋骨，气血痹阻不通，不通则痛，故见患者右侧肩部冷痛，感受风寒湿邪，但以寒邪为主，寒为阴邪，易伤阳气，阳气受损，失其温煦之能，且寒性凝滞，气血凝结不畅，故见冷痛明显，冰钻感。外邪侵袭足太阳膀胱经，故见颈僵、背部紧绷感。舌略胖浅齿痕、质淡红，苔白，脉细缓均为阳虚寒凝之象。治疗上陈老投之以温阳散寒、通络止痛之品。方选葛根汤加附子加味。方中葛根升津液，濡筋脉为君，麻黄、桂枝疏散风寒、发汗解表为臣，芍药、甘草生津养液，缓急止痛为佐，生姜、大枣调和脾胃，鼓舞脾胃生发之气为使药。考虑为寒邪凝滞之痛痹，非大辛大热之品不能开结，故加附子温阳散寒止痛。

3. 当归四逆汤加味治疗痛痹

罗某某，女，56岁，因"膝关节、踝关节疼痛2年，加重1年"就诊。患者于2年前无明显诱因出现膝关节、踝关节疼痛，遇寒加重，得温稍解，患者未予治疗。近一年膝关节、踝关节疼痛加重，平素需戴护膝，穿厚袜，患者于院外口服中药（具体不详）后症状无改善，今来我院就诊。刻诊：膝关节、踝关节痛甚，自觉冷痛，影响睡眠，时值炎炎夏日，仍需穿戴护膝、厚袜以减轻疼痛，食纳可。舌淡，略胖大，苔薄白，脉沉细。

诊断：痛痹。

辨证：阳虚寒凝，血虚络阻。

治法：温阳散寒，养血通脉。

方剂：当归四逆汤加味。

药物：当归20 g　桂枝15 g　白芍15 g　赤芍15 g
细辛9 g　小通草12 g　大枣30 g　炙甘草15 g
白附片30 g（久煎）

4剂，水煎服，一日三次。

二诊：患者诉关节疼痛略有缓解，但效果欠佳，仍需穿戴护膝及厚袜。遂于前方中加入干姜、吴茱萸、杜仲、巴戟天，小通草因药房缺药，故弃之。处方如下：

当归20 g　桂枝15 g　白芍15 g　赤芍15 g
细辛9 g　大枣30 g　炙甘草15 g　白附片30 g（久煎）
干姜20 g　吴茱萸10 g　杜仲30 g　巴戟天30 g

4剂，水煎服，一日一剂，一日三次。

三诊：患者诉关节疼痛明显缓解，可脱护膝及厚袜，本次就诊时有口苦症状。于前方中加入黄柏、砂仁。处方如下：

当归20 g　桂枝15 g　白芍15 g　赤芍15 g
细辛9 g　大枣30 g　炙甘草15 g　白附片30 g（久煎）
干姜20 g　吴茱萸10 g　杜仲30 g　巴戟天30 g
黄柏20 g　砂仁20 g（后下）

4剂，水煎服，一日一剂，一日三次。

后患者未复诊，电话随访，患者诉关节疼痛明显缓解，现仍于山上避暑，已脱护膝及袜，口苦消失。

按语：本案一诊时，陈老以当归四逆汤加附片治之，虽有效，但收效甚微。思之：患者以关节冷痛为主，得温可解，属本虚标实，阳虚血虚为本，寒凝脉阻为标。且四肢为诸阳之本，得阳气而温，阳虚不达，寒邪凝滞，故而疼痛。虽一诊治之以温阳散寒，养血通脉，但处方中仅附片30 g温阳，桂枝15 g通阳，温阳力不够，病重药轻。故二诊时，加入干姜、吴茱萸以加大温阳之力，加入杜仲、巴戟天以养阳，阳气固护，阴寒自消，气血流畅，故疼痛明显缓解。三诊时，患者自诉有口苦症状，为虚阳上浮，水火失济，加入黄柏、砂仁，取封髓丹之意，以降心火，滋肾水，使心肾相交。三诊后，患者于寒凉之地无需穿戴护膝及袜子，膝、踝关节疼痛明显缓解，疗效显著。当归四逆汤出自仲景书《伤寒论·辨厥阴病脉证并治》曰："手足厥寒，脉细欲绝者，当归四逆汤主之。"当归四逆汤由当归、桂枝、白芍、细辛、通草、大枣、炙甘草组成。方中当归气味浓厚而性走，既能养血活血，又能温经散寒；桂枝温经通脉，以祛经脉中客留之寒邪；白芍养血舒筋，与当归相配，增强补益营血之力；细辛通达表里，散寒止痛，与桂枝相伍，增强温经散寒之力；重用大枣既可滋养阴血，又可防桂枝、细辛之辛燥之性；甘草调和诸药。全方合用共奏温经散寒，养血通脉之效，立足养血，以温通为主，温阳散寒并用，养血与通脉兼施，温而不燥，补而不滞，有温养厥阴以散寒邪之功，调营卫以通阳气之效，尤能活血以通利经脉。

4. 独活寄生汤治疗痹症

陈某某，女，66岁，因"右侧腰腿疼痛20余年，加重3年"就诊。患者于20余年前无明显诱因出现右侧腰腿疼痛，呈持续性胀痛，向下肢放射，以午后疼痛明显，于宜宾市第一人民医院就诊，诊断为腰椎间盘突出，予以针灸推拿后症状有所缓解，但时有反复，其后患者反复在该院治疗。2015年曾出现行走不稳，右侧下肢失去感觉，再次在本地医院治疗，予以牵引及针灸治疗后症状好转。3年前患者自觉上述症状加重，反复就诊，门诊医师建议患者行椎管治疗，患者拒绝，继续行针灸治疗，效果欠佳。遂来蓉诊治。刻诊：右侧腰部持续性胀痛，并向右下肢放射，午后疼痛尤甚，纳眠一般，二便调。舌体略胖，浅齿印，舌质淡黯，苔薄白，脉濡。

诊断：痹症。

辨证：风寒湿邪痹阻经络。
治法：祛邪蠲痹，补益肝肾。
方剂：独活寄生汤加减。
药物：独活 30 g 桑寄生 20 g 熟地黄 30 g 杜仲 20 g
　　　巴戟天 20 g 续断 15 g 狗脊 30 g 当归 15 g
　　　川芎 15 g 川牛膝 30 g 怀牛膝 30 g 黄芪 50 g
　　　桂枝 30 g 细辛 15 g 炙甘草 15 g 鸡血藤 50 g

4剂，每日一剂，每日三次。

二诊：患者诉右侧腰部胀痛较前明显缓解，右侧大腿疼痛消失，舌脉同前。于原方基础上加鹿角胶 15 g。

其后电话随诊，患者表示服药后腰部胀痛明显好转。

按语：患者老年女性，久居湿地，受风寒湿邪侵袭，经络气血不通，而出现腰腿部疼痛等症状。"腰为肾之府""肝肾同源"，肝肾不足，筋骨不健，故而在祛邪的基础上补益肝肾。且患者病程缠绵日久，久病入络，故需行血活血。独活寄生汤具有补肝肾、益气血、通经络、祛风湿之功效。临床实验证明独活寄生汤可降低炎症因子水平，具有较好的镇痛消炎作用，能改善微循环，促进水肿吸收，缓解神经压迫等临床症状。方中独活辛温苦燥，善祛风除湿，宣痹止痛；《本草求真》述桑寄生为补肾补血要药，善强筋骨、起痿痹、止酸痛，共为君药。细辛、桂枝辛温，可散寒除湿，温经通脉而止痹痛。杜仲、牛膝、续断使肝肾得补，筋骨得健，助君药祛风散寒止痹痛，补益肝肾强筋骨，共为臣药。川牛膝祛风除湿，通经活血；鸡血藤行血活血，舒筋活络；巴戟天、续断均祛风湿，补肝肾，强腰膝；当归、地黄、川芎为四物汤中药物，取"治风先治血，血行风自灭"之意，以养血活血调血，使血濡润筋骨。全方共奏祛邪蠲痹，补益肝肾之功。

5. 乌头饮治疗痹症

卢某某，女，49岁，因"全身关节疼痛半年"就诊。患者半年前无明显诱因出现全身多处关节疼痛。天气变化尤以下雨时更加明显，夜间疼痛明显加重，晨起后略好转，无晨僵，自觉全身关节处皮肤发烫。监测体温，未见异常，无明显潮热、盗汗症状。曾多次到医院检查，血沉未见异常，甲状腺功能检查未见异常，风湿免疫系统检查未见异常。诉冬天特别怕冷，大小便无异常。患者曾被诊断为抑郁症，长期服用抗焦虑药物。刻诊：体型适中，情绪低落，焦虑状态，关节疼痛处无红肿、压痛、无关节变形。舌体胖，舌质淡略瘀暗，苔白，脉短小而数。

诊断：痹症（痛痹）。

辨证：阳气不足，风寒湿阻。

治法：温阳益气，通络止痛。

方剂：自拟乌头饮。

药物：
制川乌 15 g（久煎）	制草乌 15 g（久煎）	葛根 80 g
附片 30 g（久煎）	桂枝 25 g	赤芍 15 g
当归 15 g	细辛 15 g	川牛膝 30 g
鸡血藤 50 g	黄芪 60 g	干姜 15 g
炙甘草 15 g		

4剂，每日一剂，每天三次，每次 100 mL，温服

二诊：患者诉全身关节疼痛较之前稍减轻。舌体胖，舌质淡略瘀暗，苔白，脉短小而数。在前方基础上调整制川乌、制草乌剂量从 15 g 加大为 30 g，增强温阳散寒止痛功效。处方如下：

制川乌 30 g（久煎）	制草乌 30 g（久煎）	附片 30 g（久煎）
桂枝 25 g	葛根 80 g	赤芍 15 g	当归 15 g
细辛 15 g	川牛膝 30 g	鸡血藤 50 g	黄芪 60 g
干姜 15 g	炙甘草 15 g		

4剂，久煎 2 小时，每日一剂，每天三次，每次 100 mL，温服。

三诊：患者诉全身关节除肘关节以外疼痛明显好转，舌质淡，较之前好转但仍瘀暗，脉沉细。在前方基础上加忍冬藤 30 g、乳香 5 g、没药 5 g，加强疏通经络的功效。处方如下：

制川乌 30 g（久煎）	制草乌 30 g（久煎）	附片 30 g（久煎）
桂枝 25 g	葛根 80 g	赤芍 15 g	当归 15 g
细辛 15 g	川牛膝 30 g	鸡血藤 50 g	黄芪 60
干姜 15 g	忍冬藤 30 g	乳香 5 g	没药 5 g
炙甘草 15 g			

4剂，久煎2小时，每日一剂，每天三次，每次100 mL，温服。

四诊：患者诉病情明显好转，全身关节无明显疼痛感，唯双手指关节仍有少许疼痛，大小便无异常，睡眠尚可。舌体略胖有少许齿痕，舌质红偏暗，脉沉细。舌质淡较之前明显好转。在前方基础上调整桂枝用量为30 g，增强通阳散寒、疏通筋络功效。处方如下：

制川乌30 g（久煎）	制草乌30 g（久煎）	附片30 g（久煎）
桂枝30 g	葛根80 g	赤芍15 g	当归15 g
细辛15 g	川牛膝30 g	鸡血藤50 g	黄芪60 g
干姜15 g	忍冬藤30 g	乳香5 g	没药5 g
炙甘草15 g			

4剂，久煎2小时，每日一剂，每天三次，每次100 mL，温服。

按语：中医对痹症早有论述，《内经》认为"风寒湿三气杂至，合而为痹也"，《金匮要略》中的湿痹、风寒、历节等病均属痹证范畴。乌头汤出自《金匮要略》。全方由麻黄、芍药、黄芪、甘草、川乌组成，主治寒湿历节及脚气疼痛，不可屈伸。方中乌头驱寒逐湿；麻黄通阳行痹；芍药、甘草开痹而通血脉，使阴阳宣通，气血畅行；黄芪实卫且防麻黄发散太过；炙甘草缓和药力，使寒湿之邪微微汗解且减低乌头毒性。诸药合用，共成散寒祛湿、除痹止痛之剂。该患者辨证为阳气不足、风寒湿阻。陈老给予自拟乌头饮，在乌头汤的基础上加用制草乌、附片，以增强温阳散寒的功效；调白芍为赤芍增强活血散瘀的功效；加用川牛膝、忍冬藤、鸡血藤，取四神煎之意；去麻黄，重用葛根，《伤寒附翼》："葛根味甘气凉，能起阴气而生津液，滋筋脉而舒其牵引"，《本草纲目》："葛根乃阳明经药，兼入脾经，脾主肌肉"，故重用葛根解肌止痛，取葛根汤之意；乳香、没药调气活血止痛。诸药合用达到温阳散寒、通络镇痛的功效。陈老灵活运用经方，大剂量运用制川乌、制草乌、附片，并且在经方的配伍基础上融入新的治疗思想，是基于其对中医基础理论的牢固掌握，对辨证的精准。

6. 芍药甘草汤治疗痉证

刘某某，女，58岁，因"双小腿抽筋一年"就诊。患者一年来双小腿抽筋频繁，每天均发作1~2次，痉挛时疼痛剧烈，在当地医院治疗，口服钙片、中药等中西医治疗效差，长期伸筋草炖肉服，自觉无明显改善。平素怕冷，患有淋巴瘤3年，化疗治疗1年，现停化疗2年。刻诊：双小腿抽筋频繁，每天1~2次，胃胀，纳呆，怕冷明显。舌体偏胖，舌质暗红，苔白，脉细弱。

诊断：痉证。

辨证：脾虚肝寒。

治法：健脾暖肝柔筋。

方剂：芍药甘草汤加味。

药物：白芍 50 g　　炙甘草 20 g　　黄芪 50 g　　川牛膝 30 g
　　　怀牛膝 30 g　　牡蛎 30 g　　砂仁 20 g　　陈皮 15 g
　　　木瓜 30 g　　鸡血藤 50 g　　附片 30 g（久煎）

3剂，一日一剂，一日三次，每次 100 mL。

二诊：抽筋明显好转，服药期间发作3次，疼痛程度减轻，怕冷好转，纳差，舌质嫩红。上方加鸡内金 15 g、山药 30 g，继服3剂。

三诊：服药期间抽搐1次，持续时间短，疼痛轻微，无明显怕冷，继服上方6剂调理。

一月后随访，患者近一月未发小腿抽搐，现不怕冷，自觉良好。

按语： 本案患者以双小腿频繁抽筋，疼痛剧烈为主要表现，患者有淋巴瘤病史3年，化疗1年，脾胃功能差，致补钙效果不显。陈老综合患者病史及现症，指出患者现病机为脾虚化源不足，肝阴血虚，寒凝则筋急，故见抽筋频繁，急当健脾暖肝，柔筋止痉。主方选用芍药甘草汤，健脾柔肝，一加黄芪、怀牛膝、川牛膝、鸡血藤，取清代鲍相璈著《验方新编》中四神煎扶正养阴祛邪，活血通利关节之意，黄芪一药重用，味甘性温，为补气圣药，大补脾气。气乃血帅，气行则血行，血行风自灭。正气充足，邪自易除，重用黄芪，用来扶助正气以统领诸药直达病所，蠲痹除滞，祛邪外出；牛膝味苦、酸，性平，益阴壮阳，强健筋骨，祛瘀止瘀，善治膝关节屈伸不利，且引药下行；二加牡蛎、砂仁，取安中饮调和肝脾，暖胃醒脾平肝之意；三加陈皮、木瓜，取《朱氏集验方》卷一鸡鸣散脾虚湿浊下注，健脾行气降浊，宣化寒湿之意；四加附片，取附子甘草汤先后天并补之意。

7. 四神煎治疗膝痹症

何某某，女，35岁，因"双膝肿胀疼痛2年"就诊。患者喜跳舞，2年前因双膝关节肿胀疼痛，不能行走，查 MRI 示双膝关节腔积液，软组织肿胀，诊断为双膝关节炎，在多家三甲综合医院和专科医院治疗，经关节腔穿刺抽液、内服中西药物和康复治疗等治疗2年，关节肿胀和关节腔积液稍有减轻，仍疼痛不适，行走不便，慕名前来治疗。发病以来纳食尚可，眠差，大小便正常。刻诊：双膝关节肿胀，行走不便，舌体略胖浅齿印，舌质红偏暗，苔薄黄微腻，脉细濡。

诊断：痹症。

辨证：寒湿内闭，气虚血郁。

治法：散寒通络，益气活血。

方剂：四神煎加味。

药物：黄芪 50 g　　石斛 30 g　　忍冬藤 30 g　　远志 15 g
　　　汉防己 30 g　　川牛膝 30 g　　鸡血藤 50 g　　桑寄生 30 g
　　　杜仲 20 g

10剂，水煎服，一日一剂。

二诊：患者诉就诊后停其他药物和治疗，现感左膝肿胀疼痛好转，原方改远志 30 g、怀牛膝 30 g。继服 10 剂，水煎服，一日一剂。

三诊：患者诉双膝肿胀疼痛均好转，原方加木瓜 30 g、桂枝 15 g，继服 10 剂，水煎服，一日一剂。

四诊：查双膝肿胀已消，休息和行走均不感疼痛。原方调整如下：

　　　黄芪 50 g　　石斛 30 g　　忍冬藤 30 g　　远志 15 g
　　　汉防己 15 g　　川牛膝 30 g　　鸡血藤 30 g　　桑寄生 30 g
　　　杜仲 20 g

10剂，水煎服，一日一剂。

按语：四神煎出自清代鲍相璈所著《验方新编》，主治鹤膝风，原书载："鹤膝风，膝关节红肿疼痛，步履维艰，投以四神煎恒效。"组方为生黄芪半斤，远志肉、牛膝各三两，石斛四两，金银花一两，功效为扶正养阴祛邪，清热解毒，活血通利关节。方中药虽仅五味，但组方严谨，照顾全面，堪称药简量大，功专效宏。

陈老重用黄芪，用来扶助正气以统领诸药直达病所，蠲痹除滞，祛邪外出；牛膝味苦、酸，性平，益阴壮阳，强健筋骨，祛瘀止痹，善治膝关节屈伸不利；石斛味甘淡，性偏寒，养阴生津清热；远志味辛、苦，性微温，补益心肾，以杜绝邪气内传之路，预安未受邪之地，又能祛痰消痈肿；原方为金银花，取其清热解毒，该患者病程长，现无明显红肿，陈老将金银花换为忍冬藤，减弱其清热解毒之力以免徒耗正气，又有通络之功；加用防己，取防己黄芪汤健脾益气除湿之功；同时加用杜仲、桑寄生、鸡血藤，既有补肝肾强筋骨又有活血化瘀通络之功，五个月时间里仅仅通过中药治疗，即获全效。

8. 项痹方治疗痹症

覃某，男，53岁，因"反复出现手指麻木1月余，加重伴颈肩部僵痛1周"就诊。1月余前，患者反复出现手指麻木不适，偶有左侧腰部胀痛，伴见左侧足趾端麻木不适，无头晕、头痛、黑朦，无心慌、胸闷，无下肢疼痛及脚踩棉花感等症，患者上诉症状在伏案工作后加重，休息后稍缓解，患者未予以重视，未进行相关诊治。1周前，患者上诉症状加重，伴见颈肩部僵痛不适，自行休息缓解不明显。为求诊治遂来就诊。诊见：双手指及左侧足趾麻木不适，颈肩部僵痛，左侧腰部胀痛，纳眠可，二便调，舌质稍红，苔白，脉沉。

诊断：痹症。

辨证：风寒湿痹。

治法：祛风除湿，通痹止痛。

方剂：自拟项痹方。

药物：葛根 150 g　　桂枝 25 g　　赤芍 15 g　　川芎 15 g
　　　羌活 15 g　　　姜黄 15 g　　炙甘草 15 g　威灵仙 15 g
　　　络石藤 30 g　　川牛膝 30 g　防己 30 g　　生姜 3 片

5剂，水煎服，一日一剂，分3次餐后温服。

二诊：患者诉颈肩部僵痛及腰部胀痛明显好转，手指及足趾麻木较前缓解，稍有腹胀不适。前方加大腹皮 30 g 行滞消胀，继续服用5剂以巩固疗效。

后随访，患者诉颈腰部疼痛、手足麻木及腹胀不适均明显好转。

按语： 本案患者病程短，起病急，发病主要以邪实为主，感受风湿寒邪，痹阻四肢经脉可见手足麻木，痹阻颈肩部者则见颈肩僵痛，痹阻腰部则见腰部胀痛。陈老选用自拟项痹方以祛风除湿、通痹止痛，获得显著疗效。

自拟项痹方为桂枝加葛根汤去大枣，白芍易赤芍加川芎、羌活、姜黄、威灵仙、络石藤、川牛膝、防己而成。桂枝加葛根汤出自《伤寒论》第14条："太阳病，项背强几几，反汗出恶风者，桂枝加葛根汤主之。"自拟项痹方中重用葛根生津解肌，配合桂枝疏解太阳经腧；赤芍散瘀滞而止痹痛；川芎辛温香窜为"血中之气药"，活血行气止痛，威灵仙辛散温通，性猛善走，通行十二经络，为风药之宣导善行者，治疗风寒湿邪留滞经络之要药，二者药力通行上下；头为诸阳之会，其位最高，非风药不能上达，颈项在头部之下，故用羌活祛风湿止痛，羌活善行上焦，能直上颠顶，横行肢臂，药力上行；姜黄辛散温通，外散风寒湿邪，内入血入气而通经活络，故活血行气使瘀滞通而痛解，姜黄配伍羌活长于行肢臂而除痹痛；防己辛能宣散，苦寒降泄，祛风除湿而通络止痛，川牛膝甘苦，逐瘀通经且兼强筋骨之能，二者药力下行；络石藤苦寒善走经脉，通达肢节，祛风通络止痛；生姜、炙甘草和脾胃而调和诸药。二诊加以大腹皮以增强全方行滞消胀之功。

在此案诊治过程中陈老认为项痹方第一要义为重用葛根，葛根、薏苡仁、山药之类，药食同源，只要辨证准确，用量大而功力专，方显奇效。第二要义是此方姜黄若能用片姜黄为最佳，陈老讲到"片子姜黄走肩胛"，片姜黄治肩臂痹痛较姜黄佳。他认为临证处方中"理法方药"要明确的同时也要把握剂量的选择，同一种药的不同的剂量也会产生不同的作用，故多读经典、多学习方可在临床中得心应手。

（八）皮肤系病症

1. 抗过敏汤治疗慢性荨麻疹

李某，男，38岁，因"全身皮肤风团样皮疹1年"就诊。1年前，患者反复出现全身风团样皮疹，伴有瘙痒，遇热加重，在院外反复治疗，疗效差，遂到陈老处就诊。刻诊：无怕冷畏寒，无口苦口臭，大便稀溏，一日3~4次，黏马桶，尿频，一晚2~3次，睡眠欠佳，性功能下降。舌胖大，浅齿印，舌质淡黯，苔白，脉沉。

诊断：风疹。

辨证：脾肾阳虚，卫外不固。

治则：温阳益气，祛风止痒。

方剂：抗过敏汤加减。

药物：麻黄 15 g　　　细辛 10 g　　　白附片 60 g（久煎）
　　　桂枝 15 g　　　白芍 15 g　　　党参 30 g　　　黄芪 30 g
　　　炙甘草 15 g　　大枣 30 g　　　当归 15 g　　　白芷 15 g
　　　五味子 15 g

7 剂，水煎服，一日一剂，每日三次，每次 100 mL。

二诊：患者诉皮肤瘙痒明显改善，遇热稍明显，大便成形，夜间小便次数减少。舌质淡，舌体胖大齿痕，苔白。在原方基础加蛇蜕 30 g、地肤子 30 g，7 剂，一日一剂。

1 月后电话随访，患者诉目前未再发荨麻疹，大便正常，夜间无小便。

按语： 荨麻疹是皮肤、黏膜小血管扩张及渗透性增加而出现的局限性水肿反应，通常在 2~24 小时内消退，但反复发生新的皮疹，病程迁延数日至数月，临床上较常见。中医称之为"瘾疹""鬼风疙瘩"。荨麻疹的病因非常复杂，约 3/4 的患者找不到病因，特别是慢性荨麻疹。随着环境因素的改变，荨麻疹的发病率也是越来越高。抗过敏汤为陈老根据多年临床经验研究出来的自拟方，系麻黄细辛附子汤合桂枝汤，加党参、黄芪、白芷、桔梗、五味子、当归组成。麻黄细辛附子汤是《伤寒论》少阴病主方，原文"少阴病，始得之，反放热，脉沉"，其中"脉细微，但欲寐"为典型的少阴病特征，该方可以温阳散寒，助阳解表，是治疗太阳少阴同病的方剂。白附片以解里寒，麻黄以解外寒，而复佐辛温香窜之细辛，既能助白附片以解里寒，更能助麻黄以解外寒，俾其自太阳透入寒，仍由太阳作寒而解，此麻黄细辛附子汤之妙。桂枝汤为《伤寒论》群方之祖方，具有辛温解表、解肌发表、调和营卫之功。加入党参、黄芪扶正固表，白芍、五味子敛肺养阴，其后加入蛇蜕、地肤子祛风止痒。该病案中患者为中年男性，病程长，素体虚，反复出现荨麻疹，性功能下降、夜尿增多，大便稀溏，次数多，舌质淡，齿痕，苔白均为脾肾阳虚之症。患者虽一再否认有怕冷，反而有遇热皮疹加重的症状，但陈老抓住患者阳虚体质，去伪存真，用药精简而准确，温阳散寒，宣通肺气的抗过敏汤取得很好的疗效。

2. 龙胆泻肝汤治疗带状疱疹

钟某，女，38岁，因"带状疱疹20余天，复发1周"就诊。患者于20余天前无明显诱因出现左耳道疼痛，伴蚁行感，于成都市第三人民医院住院治疗，予以静脉滴注甲泼尼龙、头孢美唑及外用阿昔洛韦后，疱疹消退好转出院。出院后出现左侧颞部及耳后疼痛，于外院行针灸康复治疗及口服中药后效果均不明显。1周前患者自觉左侧颞部及左耳道疼痛加重，再次于成都市第三人民医院就诊，门诊医师查看后告知患者左耳道带状疱疹复发，建议患者继续住院治疗。患者拒绝，自行予以阿昔洛韦软膏外敷，症状未见缓解，疼痛日益加重，遂来就诊。刻诊：左侧颞部及耳道、耳周疼痛，有蚁行感，夜间耳道瘙痒明显，影响睡眠，干咳，咳嗽时间较长，口臭，口干舌燥，睡眠欠佳，纳呆，小便色黄，大便可。舌淡红偏暗，苔黄腻，脉弦滑。

诊断：蛇串疮。

辨证：肝胆湿热。

治法：泻肝胆实火，清肝经湿热。

方剂：龙胆泻肝汤加减。

药物：柴胡 15 g　　龙胆草 10 g　　栀子 20 g　　牡丹皮 15 g
　　　生地黄 30 g　　当归 12 g　　黄芩 15 g　　甘草 15 g
　　　车前草 20 g　　黄连 5 g　　全蝎 6 g　　僵蚕 10 g
　　　白芷 15 g

3剂，每日一剂，每日三次，口服。

二诊：患者兴奋至极，告知左侧颞部及耳道、耳周疼痛明显缓解，咳嗽较前减轻。故效不更方，续服4剂。

三诊：患者诉左耳道疱疹已消退，左侧颞部及耳道轻微疼痛，无蚁行感，咳嗽较前好转。故在原方基础上减全蝎用量为3 g，加入黄芪30 g扶正祛邪，续服4剂。

按语：带状疱疹为水痘-带状疱疹病毒引起的急性皮肤炎症，沿神经纤维播散至相应皮肤而发病，皮损由簇集性的疱疹组成，因多见于肋、腰部，故又称"缠腰火龙""蛇串疮"等，以疼痛为突出表现。西医常运用激素等对症治疗。疱疹消退后常遗留带状疱疹后遗神经痛，西医治疗常以镇静止痛、营养神经为主要治疗手段。历代中医对带状疱疹论述颇多，治则多取疏肝理气、清热利湿、活血止痛等法。

陈老认为带状疱疹病因主为热毒、湿邪、血瘀，常运用清热、除湿、活血、止痛为其治疗大法，分为初、中、后期三个治疗阶段，依步寻方。早期多以清热解毒除湿，凉血活血，通络止痛。然该患者因带状疱疹位于耳道，为胆经循行部位，故直接选方龙胆泻肝汤治疗。龙胆泻肝汤出自《太平惠民和剂局方》，其主要功效为泻肝胆实火，清肝经湿热。本方治证，是由肝胆实火、肝经湿热循经上扰下注所致。上扰则头巅耳目作痛，或听力失聪；旁及两胁则为痛且口苦；下注则循足厥阴肝经所络阴器而为肿痛、阴痒。湿热下注膀胱则为淋痛等症。故方用龙胆草大苦大寒，泻肝胆实火，清肝经湿热，为本方泻火除湿两擅其功的君药。黄芩、栀子具有苦寒泻火之功，在本方配伍龙胆草，为臣药。车前草清热利湿，使湿热从水道排出；肝主藏血，肝经有热，本易耗伤阴血，加用苦寒燥湿，再耗其阴，故用生地黄、当归滋阴养血，以使标本兼顾；方用柴胡，是为引诸药入肝胆而设，甘草有调和诸药之效。综观全方，是泻中有补，利中有滋，以使火降热清，湿浊分清，循经所发诸证乃可相应而愈。另外，患者咳嗽时间较长，邪已入络，故加全蝎、僵蚕祛风止咳，白芷除湿止痛。

3. 美容化斑汤治疗黄褐斑

陈某某，女，43岁，因"发现面部黄褐斑1年"就诊。1年前患者发现面部出现黄褐斑，且逐渐增多，遂至美容院进行美容治疗（具体不详），效果不佳。后口服中西药治疗（具体不详），效果不佳。遂至陈老门诊就诊。刻诊：双侧面颊部黄褐斑明显，以两颧部尤甚，眠差，口干欲饮，纳一般，小便可，大便偏干，一日一次。舌质红，瘀斑，苔白，脉弦。

诊断：黄褐斑。

辨证：阴虚血瘀。

治法：清热化瘀，凉血活血。

方剂：美容化斑汤加减。

药物：桑叶 30 g　　　白芷 15 g　　　当归 15 g　　　红花 10 g

菊花 12 g　　　　薄荷 10 g　　　　枸杞子 30 g　　　赤芍 30 g

生地黄 60 g　　　黄芪 30 g

7剂，一日一剂，水煎服。

二诊：患者诉口干较前稍缓。舌质红，瘀斑，苔白，脉弦。于前方基础上加山茱萸 15 g，续服 6 剂。

三诊：患者诉面部黄褐斑较前变淡，口干较前稍缓，睡眠好转。舌质红，瘀斑，苔白，脉弦。于二诊方基础上加茯苓 15 g，续服 5 剂。

四诊：患者诉面部黄褐斑较前明显变淡，范围较前缩小，面色较前变白，仍时感口干，舌质红，瘀斑，苔白，脉弦。于三诊方基础上加天花粉 15 g、山药 30 g、陈皮 15 g，具体方药如下：

桑叶 30 g　　　　白芷 15 g　　　　当归 15 g　　　　红花 10 g

菊花 12 g　　　　薄荷 10 g　　　　枸杞子 30 g　　　赤芍 30 g

生地黄 60 g　　　黄芪 30 g　　　　山茱萸 15 g　　　茯苓 15 g

天花粉 15 g　　　山药 30 g　　　　陈皮 15 g

7剂，一日一剂，水煎服。

后电话随访，患者诉黄褐斑明显好转，未有新增，口干、大便干结较前明显好转。

按语：黄褐斑作为一种黑色素沉着症，好发于中青年女性的面部，严重影响患者的身心健康。目前研究认为黄褐斑的发生与紫外线照射、体内性激素水平变化等多种因素有关，但其确切发病机制尚不清楚，其临床疗效多不理想。中医认为黄褐斑的产生多与肝、肾有关，"虚""瘀"为其发展的基础。本案患者"年过四十而阴气自半"，阴津不足则表现为口干，肠道津液不足则见大便干结，阴虚日久，血行不畅，则见阴虚与血瘀互结，气血运行不畅，发为颜面部则表现为黄褐斑。经四诊合参后辨证为阴虚血瘀。美容化斑汤为陈老根据多年临床经验总结而来，具有凉血活血、清热化瘀、美容化斑的作用。桑叶具有疏散风热，清肺润燥，清肝明目的功效；白芷具有祛风除湿、活血化瘀、生肌止痛的作用；赤芍凉血活血化瘀，红花活血化瘀；生地黄清热凉血滋阴。全方具有清热化瘀、凉血活血之功效。

4. 麻黄连翘赤小豆汤治疗荨麻疹

夏某某，女，21岁，因"全身皮肤红疹瘙痒1周"就诊。1周前患者无明显诱因全身皮肤出现斑片状红疹，颜色红，密集，在某皮肤病研究所治疗，服抗过敏药物（氯雷他定、息斯敏等）无效，一周来红疹反复发作，此消彼长，因严重瘙痒不能睡眠，大便可。平素怕冷，月经紊乱。刻诊：全身皮肤红色斑片疹，密集，瘙痒明显，舌体胖大有齿印，舌质淡，苔白，脉滑。

诊断：风疹。

辨证：邪郁化热，阻遏肌表。

治法：解表利湿散邪。

方剂：麻黄连翘赤小豆汤加味。

药物：麻黄 12 g　　连翘 30 g　　栀子 30 g　　杏仁 12 g
　　　赤小豆 30 g　白芷 15 g　　蝉蜕 20 g　　全蝎 6 g
　　　当归 12 g　　甘草 15 g　　大枣 30 g　　生姜 3 片
　　　地肤子 30 g

5剂，一日一剂，每次 100 mL，一日三次。

患者服完第二剂中药则皮疹全消，无瘙痒，坚持服完中药无皮疹，无新发。

按语：本案患者平素怕冷，舌体胖大有齿印，舌质淡，苔白，为阳虚体质，阳气虚者，卫外不固，易感外邪，正邪胶着，邪郁化热，表现为荨麻疹，色红，瘙痒异常，病机仍为热瘀在里。陈老灵活运用经方，以麻黄连翘赤小豆汤解表利湿散邪，清代尤在泾《伤寒贯珠集》曾谓："麻黄、杏仁、生姜之辛温，以发越其表，赤小豆、连翘、梓白皮之苦寒甘，以清热于里，大枣、甘草甘温悦脾，以为散湿祛邪之用。"患者瘙痒难忍，急则治标，在原方中加栀子增强清郁热之力；地肤子清热利湿，合白芷、蝉蜕、全蝎驱风止痒，《滇南本草》云白芷："祛皮肤游走之风，止胃冷腹痛寒痛，周身寒湿疼痛"；当归养营活血，助麻黄散邪之功，明代张介宾撰《本草正》："当归，其味甘而重，故专能补血，其气轻而辛，故又能行血，补中有动，行中有补，诚血中之气药，亦血中之圣药也。大约佐之以补则补，故能养营养血，补气生精，安五脏，强形体，益神志，凡有形虚损之病，无所不宜。佐之以攻则通，故能祛痛通便，利筋骨，治拘挛、瘫痪、燥、涩等证。营虚而表不解者，佐以柴、葛、麻、桂等剂，大能散表卫热。"药证相合，获效迅捷。

5. 消风散汤加味治疗顽固性荨麻疹

马某某，男，77岁，因"反复皮肤瘙痒10余年"就诊。10余年前患者无明显诱因出现全身性散在斑丘疹，瘙痒难耐，春季始发，夏季发作频次增多，自诉口服抗过敏药物后可缓解，停药后立即复发，病情反复缠绵，处暑后可自行缓解，每年均于发作时口服抗过敏药物，近年发作次数及程度均有所增加，服用西药后作用持续时间较往年减退。为求根治，慕名来陈老处诊治。刻诊：全身性散在斑丘疹，抚之碍手，压之褪色，瘙痒明显，时隐时现，自行消退，反复发作，遇风及闷热气候时加重。舌质淡略暗红，苔稍腻，脉细。

诊断：风疹。

辨证：风湿蕴肤。

治法：祛风除湿止痒。

方剂：消风散汤加味。

药物： 炙甘草15 g　　白芷15 g　　僵蚕10 g　　藿香10 g
　　　　羌活10 g　　　防风10 g　　荆芥10 g　　酒川芎15 g
　　　　姜厚朴15 g　　陈皮15 g　　党参30 g　　茯苓30 g
　　　　蝉蜕15 g　　　薏苡仁60 g

5剂，水煎服，一日一剂，每次温服100 mL。

二诊：患者自诉服药后红疹复发面积、瘙痒程度、复发频次均较前明显减少，未口服抗过敏药物可自行消退，效果显著。为巩固治疗，上方续用5剂。

三诊：患者诉服药后红疹明显消退，后因接触油漆类过敏原物质，红疹再次复发，瘙痒明显，自觉汗出增加。遂于上方去薏苡仁，加用紫荆皮消肿解毒、地肤子清热利湿、赤小豆消肿利湿，具体处方如下：

　　　　炙甘草15 g　　白芷15 g　　僵蚕10 g　　藿香10 g
　　　　羌活10 g　　　防风10 g　　荆芥10 g　　酒川芎15 g
　　　　姜厚朴15 g　　陈皮15 g　　党参30 g　　茯苓30 g
　　　　蝉蜕15 g　　　紫荆皮30 g　地肤子30 g　赤小豆50 g

5剂，水煎服，一日一剂，每次温服100 mL。

四诊：患者诉服药后红疹明显消退，仅双上肢前臂偶有几粒丘疹样皮损，未觉瘙痒不适，可自行缓解，汗出明显缓解，患者感谢陈老治好了10余年顽疾。于上方去赤小豆，继续巩固治疗，具体处方如下：

炙甘草 15 g	白芷 15 g	僵蚕 10 g	藿香 10 g
羌活 10 g	防风 10 g	荆芥 10 g	酒川芎 15 g
姜厚朴 15 g	陈皮 15 g	党参 30 g	茯苓 30 g
蝉蜕 15 g	紫荆皮 30 g	地肤子 30 g	

5剂，水煎服，一日一剂，每次温服100 mL。

电话回诊：患者红疹未再发作，完全缓解，汗出明显好转。

按语： 荨麻疹是一种很常见的过敏性皮肤病，主要的临床表现是全身起红斑、风团，伴有明显的瘙痒。风团的特点是忽起忽消，24小时之内会自然消退，但又可以再次发生。严重的时候还可以引起内脏的症状，比如腹痛、腹泻、胸闷、憋气，甚至喉头水肿，严重的还可以引起血压下降、过敏性休克。引起荨麻疹的原因很多，但多数是过敏性的原因。每遇过敏原均易复发，该患者对油漆等多类物质过敏，有些物理因素，比如遇冷、遇热、机械压力或者日光照射，有时候也可以引起物理性的荨麻疹。荨麻疹属于中医学的"风疹""瘾疹"等范畴。本案的发病与脾虚湿困运化失常，外受风湿之邪郁于肌表关系密切。患者病程缠绵，久治不愈，每遇湿邪易发，久病湿邪困脾，脾胃运化失调，气机不畅，加之外感风邪，风邪夹湿蕴结肌肤，肌肤失养，以致皮肤瘙痒，风团时起时消，舌质淡略暗红，苔稍腻，脉细。治法以祛风除湿止痒。方中防风、当归、羌活、荆芥、川芎祛风活血透表；藿香、厚朴、白芷燥湿除满，避秽化浊；蝉蜕、僵蚕疏风透疹；参、苓、枣、甘、陈、术取参苓白术散之健脾益气化湿扶中之意，益气扶正，使外邪无留滞之地；薏苡仁健脾除湿；外邪之物侵袭后加用紫荆皮消肿解毒、地肤子清热利湿、赤小豆消肿除湿，疗效显著。

（九）杂　病

1. 鸡鸣散加味治疗脚气病

杨某某，男，73岁，因"反复双下肢肌肉濡胀7年余"就诊。7年余前患者无明显诱因出现双下肢濡胀不适，左下肢冷，时感下肢无力，久行后明显，无畏寒、发热、下肢水肿，无关节肌肉红肿疼痛等不适，未予以重视，未经治疗。今为求中医治疗，遂来求诊于陈老。刻诊：双下肢肌肉濡胀不适，左下肢稍冷，久行后感双下肢乏力，平素嗜睡，纳食少，眠可，大便2~3日一行，小便调。舌质淡，苔白微腻，脉弱。查体示：双下肢皮色、皮温正常，按之无凹陷。

诊断：脚气病。

辨证：寒湿痹阻证。

治法：行气降浊，宣发寒湿。

方剂：鸡鸣散加味。

药物：紫苏叶 12 g　　吴茱萸 15 g　　干姜 20 g　　桔梗 15 g
　　　槟榔 15 g　　　防己 30 g　　　桂枝 15 g　　木瓜 30 g

3剂，每日一剂煎服600 mL，每天三次，每次200 mL温服。

二诊：患者诉服第1剂药后即感症状减轻，3剂药后感上述症状缓解80%，患者舌质略红，苔黄微腻，陈老于上方增加槟榔剂量为30 g，续服4剂。

后电话随访，患者诉症状明显缓解。

按语：脚气病是以胫足软弱，重浊麻木，或肿或痛，行动不便为特征，因病从脚起，故名脚气，《诸病源候论·脚气·脚气缓弱候》云："凡脚气病，皆由感风毒所致"，《备急千金要方》卷七中云："夫风毒之气，皆起于地，地之寒暑风湿皆作蒸气，足当履之，所以风毒之中人也，必先中脚"，又云"凡四时之中，皆不得久立久坐湿冷之地，亦不得因酒醉汗出，脱衣鞋袜，当风取凉，皆成脚气"，由此可见其病因与感受外邪，湿浊内盛有关，其治法当以祛邪逐湿，宣通气机为主。该患者为老年男性，久居湿地，不慎感受寒湿之邪，寒为阴邪，性凝滞，易伤阳气，寒邪痹阻肢体经脉气机，气血运行不畅，不通则痛，故见肢冷、疼痛、屈伸不利。湿性重浊，易趋下，伤及肢体可见肢体酸楚沉重不适，且湿性黏滞，阻遏气机，气不行则湿不化，胶着难解，症状反复发作，缠绵难愈。寒湿凝滞下焦，故见下肢濡胀、肢冷、久行后无力感。患者年老体虚，阳气渐衰，清阳不升，浊阴不降，故见嗜睡，结合舌象，陈老考虑患者为寒湿所致的脚气病，予以鸡鸣散加味以行气降浊，宣发寒湿。

鸡鸣散见于《类编朱氏集验医方》卷一："治脚气第一支药，不论男女皆可服。如人感风湿，流注脚足，痛不可忍，用索悬吊，叫声不绝，筋脉肿大。"鸡鸣指服药时间，《神农本草经》有云："病在四肢血脉者，宜空腹而在旦"，故此方药于鸡鸣五更天服效果最好，《时方歌括·热可制寒》有云："其服于鸡鸣时奈何？一取其腹空，则药力专行；一取其阳盛，则阳药得气也。其必冷服奈何？以湿为阴邪，冷汁亦为阴属，以阴从阴，混为一家，先诱之而后攻之也。"原方中重用辛温之槟榔为君以行气、除湿、消肿，且其性重坠达，为治疗脚气之要药；臣以木瓜以下行祛湿除痹，舒筋通络；陈皮理气燥湿，加强祛湿之功；佐以吴茱萸辛温散寒，降逆开郁化滞；紫苏叶疏散风寒；桔梗上归肺经，开宣肺气。使以生姜温散寒气，且姜皮有利水消肿之功效，全方合用有温化寒湿、宣通气机、行气降浊之功。陈老于原方中去生姜，用干姜加强其辛温散寒之功，加用以桂枝、防己以加强温阳行气、利水消肿之效。

2. 失眠合剂治疗不安腿综合征

冯某某，女，45岁，因"双腿不安伴失眠1月余"就诊。患者1月余前无明显诱因出现双腿不安，不可名状，休息时明显，活动后减轻，伴心慌、烦躁，长期失眠，不易入睡，易惊醒。月经经量少，色黑，有血块。二便正常。为求中医治疗，今来陈老处就诊。刻诊：神一般，面色晦暗，舌体略胖，舌质偏暗红，苔白，脉细弦。

诊断：痉病。

辨证：瘀血阻络证。

治法：行气活血化瘀。

方剂：失眠合剂加味。

药物：肉桂 3 g   黄连 10 g   龙骨 30 g   北柴胡 15 g
　　　桔梗 20 g   川牛膝 30 g 生地黄 30 g 牡丹皮 15 g
　　　丹参 30 g   枳壳 15 g   川芎 10 g   栀子 30 g
　　　淡豆豉 30 g 珍珠母 60 g

10剂，一日一剂，水煎取汁600 mL，分3次饭后温服。

二诊：患者诉服药后腿不安及烦躁症状已不明显，大便不成形，睡眠及心慌、烦躁亦明显好转。原方续服10剂。

按语：不安腿综合征系指小腿深部于休息时出现难以忍受的不适，运动、按摩可暂时缓解的一种综合征，又称不安肢综合征，其临床表现通常为夜间睡眠时，双下肢出现极度的不适感，迫使患者不停地移动下肢或下地行走，导致患者严重的睡眠障碍。该病虽然对生命没有危害，但却严重影响患者的生活质量。中医学将不安腿归为"痉病""痹症"的范畴，从中医角度来看，其基本病因病机为正虚邪恋，局部经气不利，肌肉筋脉失养。患者中年女性，双腿不安，长期失眠，月经经量少，色黑，有血块，舌体略胖，舌质偏暗红，苔白，脉细弦，素体血瘀体质，阴血涩滞，营卫不和，下肢脉络瘀阻，痹阻关节肌肉筋络，导致气血闭阻不通，筋脉关节失于濡养产生本病。久病及瘀，阴阳失调、心肾不交而引起失眠心悸。方中运用失眠合剂行气活血化瘀、交通心肾，同时加用栀子豉汤清热除烦。

3. 会厌逐瘀汤治疗喉痹

陈某，男，38岁，因"咽喉异物感1月"就诊。1月前，患者因饮酒过多、工作压力大，早晨上班过程中感喉咙发紧、有异物感，咳嗽稍缓解，但仍感气紧、呼气困难，来我院急诊就诊，诊断为急性喉炎，予以口服中药汤剂、珍黄片清热解毒、消肿止痛，未见缓解。后到成都中医药大学附属医院耳鼻喉科检查，诊断为会厌囊肿、慢性咽炎、咽反流，用药后症状仍得不到缓解，遂前来我院就诊。刻诊：咽喉有异物感、喉咙发紧、有痰、气紧、呼气困难，心中有惶恐感，头目不清爽。舌质偏暗红，苔略黄，脉细。

诊断：喉痹。

辨证：痰瘀互结。

治法：活血化瘀，滋阴利咽。

方剂：会厌逐瘀汤加减。

药物：桃仁 10 g　　红花 10 g　　甘草 15 g　　桔梗 15 g

　　　赤芍 15 g　　生地黄 30 g　　当归 12 g　　玄参 15 g

　　　北柴胡 15 g　　枳壳 15 g

3剂，一日一剂，免煎，一次 100 mL，水冲服，一天三次。

二诊：自诉服药2次后症状缓解了大半，服药后大便稍稀，感腹部轻微胀气。遂于原方加厚朴，具体处方如下：

　　　桃仁 10 g　　红花 10 g　　甘草 15 g　　桔梗 15 g

| 赤芍 15 g | 生地黄 30 g | 当归 12 g | 玄参 15 g |
| 柴胡 15 g | 枳壳 15 g | 厚朴 15 g | |

3剂，一日一剂，免煎，一次100 mL，水冲服，一天三次。

三诊：电话回诊患者自述症状已完全缓解，无任何不适感。

按语： 会厌逐瘀汤来源于王清任《医林改错》卷下。原方用治痘五六天后，饮水即呛者，是因"瘟毒烧炼，会厌血凝，不能盖严气门"，故需"化开会厌中瘀血，其呛立止。"本方由《伤寒论》四逆散以枳壳易枳实，合桃红四物汤去川芎加玄参、桔梗而成。四逆散能调气血，利升降；桃红四物汤为养血活血方。去川芎者，因其活血行血趋下，到达不了会厌病所，且味辛温性燥，恐伤阴津；增入玄参意在直达咽喉病所，清利咽喉，又滋阴清热，凉血寓补，补中有动，更助生地黄以滋养柔润；桃仁、红花活血祛瘀化滞；当归养血活血；桔梗乃利咽圣药，入肺经，开胸理气，清喉利膈，能载诸药入肺，能升降肺气，并佐柴胡、枳壳条畅气机，行滞散结，引活血祛瘀药上达病所；甘草利咽止咳，调和诸药。诸药组方共达活血化瘀、行气开音、清热消肿、养阴生津之效，从而能促进会厌部气血运行，滋阴利咽，活血化瘀。

患者前两次就诊，医生治疗其喉痹都从火、从痰论治，用化痰和清热滋阴的药物，然而效果不甚理想，其原因之一是忽视了瘀血为患，没有抓住瘀血阻络的病因病机，陈老治疗喉咙干痒、有异物感的慢性咽炎患者多数是用慢咽汤，但此次就诊的患者因常年饮酒、饮食不节，肺胃蕴热，蒸灼咽喉，热伤津液，蒸液为痰，加之慢性咽炎反复发作，余邪滞留于咽喉，久则经脉瘀滞，咽喉气血壅滞而发为喉痹。陈老谨守病机、抓住病人瘀血阻络这一病因病机，予以会厌逐瘀汤行气活血、滋阴利咽，疗效甚好。

4. 补阳还五汤合通窍活血汤加味治疗突发性耳聋

刘某，女，66岁，因"左耳突聋5天"就诊。5天前患者因摔倒后出现左侧突然耳聋，左耳听力明显下降，右耳听力尚可，伴口干、乏力，无头痛，无恶心呕吐，二便可，饮食尚可，曾住院予以高压氧舱治疗，收效甚微。为求中医治疗今来就诊。刻诊：左耳听力明显下降，口干、乏力。舌胖有齿痕，舌质淡红偏暗，苔白，脉涩。

诊断：耳聋。

辨证：气虚血瘀。

治法：益气通络，活血化瘀。

方剂：补阳还五汤合通窍活血汤加味。

药物： 黄芪 80 g　　酒川芎 60 g　　白芷 30 g　　蜜远志 15 g
　　　 石菖蒲 15 g　　煅磁石 30 g　　桃仁 10 g　　红花 10 g
　　　 蝉蜕 15 g　　　白酒 50 g　　　生姜 3 片　　葱白 3 根

6 剂，一日一剂，一天三次，每次 200 mL。

二诊：患者诉左耳听力好转，口干减轻，平素尿频、尿不尽，喷嚏后时常伴随漏尿，起夜 4~5 次。舌质淡红偏暗，苔白，脉涩。于原方基础上加麻黄 10 g，继服 8 剂。

三诊：患者诉耳聋明显好转，尿频、尿失禁已明显改善，喷嚏后无漏尿。继服 8 剂。

1 月后随访，患者双耳听力尚可，十分满意。

按语：耳聋指因实邪蒙蔽清窍或脏腑虚损、清窍失养所致的以听力减退为主要特征的病证。本例患者年老体虚气亏，因外伤所致，故为气虚血瘀，耳窍经脉壅阻，清窍闭塞发生耳聋。用补阳还五汤合通窍活血汤加减，补气、活血、通络并行，取得满意疗效。方中重用生黄芪大补元气，意为气旺则血行，瘀去而络通；赤芍、川芎、桃仁、红花协同以活血化瘀。加减中可见通窍活血汤的思路，麝香难求，陈老常以白芷代替，白芷辛香散结而入血止痛；远志与石菖蒲入心经，同具祛痰化浊，醒神开窍之功效；煅磁石聪耳明目，补肾纳气，多用于耳鸣耳聋；白酒通络，姜葱通阳。二诊中患者补充自述平素喷嚏后易尿失禁，陈老加麻黄，收效明显。陈老在治疗部分中老年男性患者肺部疾病应用麻黄时，偶有患者出现排尿困难，陈老利用麻黄这一副作用，逆向思维应用于中老年女性尿失禁，取得了较好的疗效。

5. 生姜泻心汤合旋覆代赭汤治疗神经性呕吐

马某，男，72 岁，因"反复呕吐 40 余年"就诊。40 余年前患者无明显诱因反复出现呕吐，呕吐物呈米浆样物质，不含食物残渣，呕吐与进食无关，无呃逆、嗳气，无反酸、烧心，无腹胀、腹泻等症，上述症状常发生在晨间 8—9 点及下午 4—5 点，其余时间与常人无异。患者上述症状反复发作，曾四处求医，西医曾诊断为神经性呕吐，予以相关治疗未见明显好转，后断断续续各处求治中、西医，服用西药、中药及中成药（二陈丸等）均未见明显好转。为求诊治遂前来就诊。刻诊：形体偏胖，呕吐米浆样物质，口苦，纳可，眠一般，二便调。舌质淡红，苔薄黄微腻，脉沉滑。

诊断：呕吐。

辨证：胃虚气逆痰阻证。

治法：益气和胃，降逆化痰。

方剂：生姜泻心汤合旋覆代赭汤。

药物：党参 30 g　　干姜 15 g　　法半夏 30 g　　黄连 10 g
　　　黄芩 15 g　　炙甘草 15 g　　大枣 30 g　　旋覆花 12 g
　　　煅赭石 30 g　　生姜 5 片

3 剂，水煎服，一日一剂，分 3 次餐后温服。

二诊：患者诉服完第 2 剂药后呕吐明显好转，夜眠欠佳。于前方加薏苡仁 60 g，继续服用 3 剂以巩固疗效。

按语：《黄帝内经》对呕吐诸多论述，如《素问·举痛论》云："寒气客于肠胃，厥逆上出，故痛而呕也。"《素问·至真要大论》云："诸呕吐酸，暴注下迫，皆属于热。""诸逆冲上，皆属于火。"本案患者以呕吐米浆样物质为特征，平素与常人无异。但诊见患者形体偏胖，胖人多痰湿，痰湿困脾，脾失于健运，痰阻于胃，胃气上逆则出现吐痰。清代陈元犀言："《金匮》以呃为哕。凡呃逆证，皆是寒热错乱，二气相搏使然"，《备急千金要方·呕吐哕逆》谓："凡呕者多食生姜，此是呕家圣药。"故陈老选方生姜泻心汤益气和胃而调寒热。患者病程长，久病必虚，久病必夹瘀，加用"诸花皆升，旋覆独降"的旋覆花，降气消痰止呕，《名医别录》中则记载旋覆花有"通血脉"之功，此品是通过化经络之痰涎而使血脉通畅，"恰逢其会"正适此案。《本经逢原》云："旋覆代赭石汤，取重以降逆气，涤痰涎也"，陈老再加煅赭石取旋覆代赭汤之意以益气降逆涤痰。两方合而治之获得显著疗效。二诊时患者诉夜眠欠佳，考虑痰湿导致胃不和则卧不安，加用薏苡仁代替秫米，方取半夏秫米汤以祛痰和胃、化浊宁神。

生姜泻心汤即半夏泻心汤减干姜二两，加生姜四两。原方本治水热互结之痞证，生姜重用既可宣散水气同时亦可和胃降逆，例如吴茱萸汤中生姜重用而取温胃散寒、降逆止呕之力，旋覆代赭汤重用生姜增强止呕之力同时可宣散水气以助祛痰之功，重用生姜配以分阴阳而散气逆之半夏则组成化痰降逆小半夏汤。在临床上陈老常用生姜泻心汤治疗中气虚弱、寒热互结之呕吐；半夏秫米汤常用于治疗胃不和而导致的失眠；旋覆花与代赭石的配伍多用于呕止而呃逆、噫气不除之症。

6. 麻黄附子细辛汤治疗梅杰综合征

王某，女，51岁，因"双眼眼睑痉挛2月"就诊。患者2月前无明显诱因出现双侧眼睑痉挛，左眼明显，早晨明显，因频繁眨眼逐渐出现睁眼困难，无眼胀、眼痛、视力下降、畏光、流泪、口舌歪斜等不适。曾于成都医学院第一附属医院神经内科就诊，诊断考虑梅杰综合征，给予口服药物、滴眼液等治疗后症状无明显改善。为寻求中医治疗，今前来就诊。刻诊：双眼眼睑阵发性痉挛，频繁眨眼，早晨明显，自觉睁眼困难。查体：双额纹、唇纹对称，伸舌居中。舌体胖大，舌质淡，苔薄白，脉沉。

诊断：胞轮振跳。

辨证：肾阳亏虚证。

治法：温阳散寒。

方剂：麻黄附子细辛汤。

药物：麻黄15 g　　　细辛15 g　　　附片30 g（久煎）　炙甘草15 g
　　　大枣30 g

3剂，每日1剂，水煎服，每日3次。

二诊：患者诉服药后的几天症状较前减轻，昨日又加重，频繁眨眼，不能坚持睁眼，睡眠欠佳。于前方加龙骨30 g、牡蛎30 g、首乌藤30 g，续服3剂。

三诊：患者诉下午眼睑痉挛、眨眼症状较前明显减轻，但早晨有2个小时症状依旧比较明显，仍有睡眠欠佳，原方续服3剂。

四诊：患者诉症状明显好转，仅早晨有轻微眨眼。

按语： 梅杰综合征是以眼睑痉挛和口下颌肌张力障碍为主要表现的特发性肌张力障碍性疾病，同时会伴随有不自主的张口、闭口、嘟嘴和收缩嘴唇等动作，还有可能会出现伸舌、扭舌等，严重的患者还可能会出现下颌脱白、牙齿磨损或者脱落等症状，常会影响到患者的发声或者吞咽。此病好发于45岁以后的中老年妇女、有家族遗传史者、口服安定类药物史者，药物、感染、精神因素等均可诱发。梅杰综合征的治疗方法主要为口服药物，一般需要长期持续性治疗，若效果欠佳者可选用 A 型肉毒杆菌素局部注射、手术等治疗。中医学将其归属于"胞轮振跳""目风"范畴，一般认为由于疲劳、紧张、久病过劳损伤心脾，心脾两虚，筋肉失养而诱发，多从心脾两虚、血虚风动等方向治疗。本案患者舌体略胖，舌质淡，苔薄白，脉沉，陈老从《黄帝内经》中"诸风掉眩，皆属于肝，诸寒收引，皆属于肾"入手，考虑为肾阳不足。患者症状早晨明显，认为阳气不足升举无力，经脉失养，兼有寒邪，治以温阳散寒，方用麻黄附子细辛汤加减。方中麻黄、细辛解表散寒，附片温补阳气，炙甘草和中制约辛燥之性，加大枣养血。五味药配合行助阳解表、扶正祛邪之功效，使寒邪去，血得温则行，气血流通，经脉得到濡润而舒展。因患者睡眠欠佳，二诊加入龙骨、牡蛎、首乌藤安神助眠。门诊复诊时患者症状已明显缓解。

7. 麦门冬汤治疗内伤发热

袁某某，女，98岁，因"胃脘、手足心发热10余年"就诊。10余年前患者无明显诱因出现胃脘部烧灼感及双手心、双足心潮热，无恶寒发热，无夜间盗汗等不适，先后在院外多次口服中西药物治疗（具体不详）后症状无任何缓解。遂于我院就诊。刻诊：胃脘烧灼不适，双手心、足心发热，时有呃逆，头晕，排尿烧灼感，大便干燥难解，影响日常生活。舌体适中，舌质淡嫩红，苔薄白，脉弦。

诊断：阴虚发热。

辨证：肺胃阴虚。

治法：滋润肺胃。

方剂：麦门冬汤加减。

药物：麦冬 90 g　　党参 30 g　　法半夏 15 g　　生姜 3 片

大米 50 g　　大枣 15 g　　炙甘草 15 g

6 剂，每日一剂，水煎服，一日三次。

二诊：患者诉胃脘烧灼及手足心热症状基本消失，解决困扰其 10 余年的病症。无呃逆，头晕缓解，小便正常，大便易解。效不更方。

按语：内伤发热分为阴虚发热、血虚发热、气虚发热、阳虚发热、气郁发热、痰湿发热、血瘀发热七类。阴虚发热主要是由于素体阴虚，或热病日久，耗伤阴液，导致阴精亏虚，阴衰则阳盛，水不制火，而导致阴虚发热。《景岳全书·寒热》云："阴虚之热者，宜壮水以平之；无根之热者，宜益火以培之"，治疗主要以滋阴清热为主。本案患者主要以胃脘、手足心发热为主，伴呃逆，大便干燥，考虑为胃阴亏虚，津液耗伤，阴血亏耗，致胃、大肠津亏，故胃脘烧灼，手足心热，大便干燥；阴液不足，影响肺，肺开窍于皮毛，肺阴不足，阴虚生风，故皮肤瘙痒。手、足心发热，多为阴虚内热，或火热内郁所致。结合患者舌体适中，舌质淡嫩红，苔薄白考虑其为阴虚内热所致。故治疗上陈老给予麦门冬汤加减以滋润肺胃。方中重用麦冬为主药，滋阴肺胃之阴，使阴复而火降，使以党参、炙甘草、大米、大枣以养胃益气生津，助麦冬生阴；用少量半夏降逆下气。方用大量的麦冬配半夏，则无滋腻碍胃生痰之弊；少量的半夏得麦冬，则无温燥伤阴，助火之嫌，可谓相得益彰。

8. 薏苡附子败酱散治疗肝痈

李某，男，93岁，因"右上腹疼痛20天"就诊。20天前患者无明显诱因出现右上腹疼痛，伴心累、气短、乏力、纳差、无畏寒、发热、咳嗽咳痰、咯血胸痛、夜间阵发性呼吸困难、双下肢水肿等。做上腹部CT（平扫，增强扫描）提示肝右叶团块影，考虑感染性病变（大小约 $12.0 \times 10.5 \times 9.6$ cm）。诊断为肝脓肿，予以舒普深联合替硝唑抗感染、营养支持等治疗。建议患者行脓肿穿刺引流术，患者家属考虑患者高龄，拒绝穿刺引流，要求中医保守治疗。刻诊：右上腹疼痛，心累、气短、乏力、口苦、口干，怕冷，语声低微，精神萎靡，身体消瘦，面色苍白，饮食差，饮食后呕吐，未解大便。舌体淡胖有齿印，舌质黯，苔微黄腻，脉细弱。

诊断：肝痈。

辨证：阳虚血瘀，湿热阻滞，腐败成脓。

治法：排脓消痈，温阳化瘀，清热利湿。

方剂：薏苡附子败酱散合赤小豆当归汤合四逆汤加减。

药物：附片60 g（久煎）　薏苡仁30 g　败酱草30 g　黄芪100 g

生晒参30 g　干姜30 g　甘草15 g　柴胡15 g

当归12 g　赤小豆30 g　赤芍30 g　桂枝15 g

牡丹皮 15 g

4剂，水煎服，一天三次，一次 100 mL。

二诊：右上腹疼痛较前稍减轻，饮食较前增多，精神好转，大便1日2次。舌质淡红偏黯，苔薄黄微腻，脉细弱。患者症状缓解，在原方基础上减去牡丹皮，续服4剂。

三诊：患者精神可，可由家属搀扶行走几步，饮食较前明显改善，右上腹轻压痛，大便2日未解。舌质淡红偏黯，苔薄白微腻，脉细弱。将赤芍加量至 50 g，加桃仁 15 g 以活血化瘀、润肠通便，续服4剂。

四诊：患者右上腹疼痛已明显缓解，可自行行走，精神可，纳差较前明显改善，复查腹部CT提示肝右叶区域团块影，考虑感染性病变，目前病变面积较前明显减少。

按语：肝痈是指湿热虫毒等邪侵袭于肝，以致肝气郁滞，血液瘀阻，邪毒与气血搏结壅滞，血败肉腐，酿成痈脓。初起以湿热蕴结、热毒瘀滞为基本病机，后期多表现为正虚邪恋。但该患者腹痛不甚，无发热、寒战，故陈老考虑为冷脓肿，是由素体阳虚，湿热瘀血互结，腐败成脓所致。患者高龄，阳气亏虚，鼓动无力，温煦失司，故见怕冷，精神萎靡，肢体乏力，语声低微；湿热侵袭，脾阳不振，运化无力，脾胃升降失司，可见饮食差，呕吐，困倦；湿热瘀血互结，血败肉腐，酿成痈脓，故见腹痛；邪侵袭于肝，肝气郁滞，肝失疏泄，胆汁上逆，故见口苦、口干；患者素体阳虚，热毒已聚结于局部，脓已形成，邪热不再外散，故体表不发热。治疗上予薏苡附子败酱散合赤小豆当归汤加减以排脓消痈，温阳化瘀，清热利湿。

薏苡附子败酱散出自《金匮要略》："肠痈之为病，其身甲错，腹皮急，按之濡，如肿状，腹无积聚，身无热，脉数，此为肠内有痈脓，薏苡附子败酱散主之。"此方所论肠痈，一般病势较缓，病程较长，发热恶寒不明显，甚或不热，辨证多属于阳虚者。本案患者虽病位不在肠腑，在肝，但病机一致，故陈老采用此方加减。方中薏苡仁甘淡微寒，可清热利湿排脓；附片辛甘大热，可振奋阳气，辛热散结；败酱草辛苦微寒，以清热解毒，消痈排脓，祛瘀止痛；加用赤小豆当归汤以排脓血，除湿热，活血化瘀；柴胡舒肝解郁；赤芍、牡丹皮清热凉血，活血化瘀；患者体虚，阳气不足，大剂量附片配以干姜、甘草，有四逆汤之意以温阳散寒，回阳救逆；加用桂枝温通阳气，以温阳、通阳、养阳，配以生晒参大补元气，大剂量生黄芪补益脾气，托毒生肌，升阳活血，阳气得复，鼓动有力，气血畅流，痈无由生。

二、医　话

1. 掌握中医各种辨证方法自身的特点和应用范围

中医的辨证方法包括八纲辨证、气血津液辨证、脏腑辨证、六经辨证、卫气营血辨证、三焦辨证等，都是在长期临床实践中形成的，各种辨证方法从不同角度认识和概括疾病的证候，它们之间是有着内在的联系及其不可分割性，各种辨证常常交互应用于同一病证，相辅相成，相得益彰，使祖国医学在辨证论治方面更加丰富完善。

这些辨证方法就其内容而论，八纲辨证是各种辨证的总纲，也可以说是从各种辨证方法的个性中概括出来的共性。以阴、阳、表、里、寒、热、虚、实这八类证候归纳说明病变的部位、性质以及病变过程中正邪双方力量对比等情况，疾病的表现尽管极其复杂，但基本上都可以归纳于八纲之中，因此有执简驭繁、提纲挈领的作用。

脏腑辨证主要应用于杂病，是根据脏腑的生理功能、病理表现对疾病症候进行分析归纳，借以推究病机，判断病变部位、性质、正邪盛衰状况的一种辨证方法。脏腑辨证是辨证体系中的重要组成部分，是临床各科的诊断基础，为临床中应用最广泛的一种辨证方法。由于直接受脏腑学说指导，因此要熟悉和掌握脏腑学说，清代唐容川在《血证论》谓："脏腑各有所主，各有经脉。业医不知脏腑，则病源莫辨，用药无方。"脏腑学说是中医理论体系的核心，是说明人体正常生理活动及疾病发生发展的理论基础，也是进行辨证施治的重要依据。

六经辨证，是《伤寒论》辨证论治的纲领，是东汉张仲景在《素问·热论》的基础上结合伤寒病的证候与病变特点总结出来的，主要用于外感病的一种辨证方法。六经病证既有严格的区分，彼此之间又有一定的联系，若两经或三经同时俱病，即为"合病"，例如用柴胡桂枝汤加减治疗太少合病。

卫气营血辨证，是清代叶天士所倡导的，用于外感温热病的一种辨证方法。它是在伤寒六经辨证的基础上发展起来的，又弥补了六经辨证的不足，从而丰富了中医学辨治外感病的内容。三焦辨证，也是温热病的辨证方法之一，它是清代吴鞠通根据《内经》三焦部位划分的概念，在叶天士《温热论》卫气营血分证的基础上，结合温热病的传变规律总结出来的。曾有一位反复发热50余天的男性患者，体温一直维持在38℃左右，最高时达39℃，经某医院用头孢类、罗红霉素等抗生素输液治疗月余无效。陈老结合病史、发病时间及临床表现，从温病学湿温的角度来认识该病，采用卫气营血、三焦辨证，选用三仁汤、藿朴夏苓汤化裁治疗，并停用抗生素，服药后患者体温逐渐下降，1周后体温完全恢复正常。

2. 重视中医的整体观念

中医通过阴阳、脏腑、经络、气血、五行等学说，把人体的生理病理，内外上下，器质功能，物质精神等都联系成为一个统一整体，把人体内部以及人体与环境都统一起来。所以中医在辨证论治时是把人体当作一个统一的整体来观察的，例如头痛虽然是临床上常见的自觉症状，但陈老在治疗头痛时，会从整体的生理病理关系上去考虑。有一患者朱某，女，27岁，反复头痛近两年，平均1~2周发作一次，以头顶部为主，严重时疼痛难忍欲呕，平时畏风怕冷，手足欠温，容易感冒，月经量少，舌质淡，苔白略滑，脉沉细。根据以上症状、体征及病史，辨为寒伤厥阴，浊阴上逆所致，采取散寒降逆原则，方用《伤寒论》中的吴茱萸汤合当归四逆汤加减。辨证分析为足厥阴肝经之脉上出额，与督脉会于巅，阴寒之气循经上冲，则见巅顶痛；肝寒犯胃，胃失和降，故疼痛难忍欲呕。方中吴茱萸温肝暖胃，散寒降逆；桂枝、细辛温经散寒，解寒邪之凝滞；当归温通血脉；党参补脾胃以扶正气。患者服用3剂后，头痛即减轻，畏风怕冷，手足欠温等症状都有明显改善，上方加黄芪又服5剂，病愈，追踪观察半年，头痛一直未发作。从中可以看出，该病在治疗时并未头痛医头，而是从肝经论治，以温经通脉，散寒降逆之方而治愈。这主要是从整体观出发，考虑诊为寒伤厥阴，以此为据进行治疗，不但头痛痊愈，而且手足不温，月经不调亦很快痊愈，所以取得了良好的效果。基于这种整体观念，在临床上见到某一局部症状时，都要从整体的生理病理关系去考虑，进行详细辨证。把局部看成是整体的局部，在学习与运用辨证论治时，时时注意到这一点，就能够逐步提高辨证论治的水平。

3. 同病异治和异病同治

陈老十分注意同病异治和异病同治的治疗原则的运用。在一般情况下，同病同证是用同一治法，但也有同一种疾病，由于感受的邪气和病人肌体反应不同，所表现的"证"（证候）不同，而治法并不相同。

同病异治这一治疗原则，最早见于《素问·异法方宜论》，其中说："医之治病也，一病而治各不同，皆愈，何也？岐伯对曰：地势使然也。……故圣人杂合以治，各得其所宜，故治所以异而病皆愈者，得病之情，得治之大体也。"《素问·五常政大论》又说："西北之气散而寒之，东南之气收而温之，所谓同病异治也。"例如失眠这同一疾病，陈老在辨证施治时，除分辨五脏六腑、虚实寒热等情况外，对于同样的疾病还注意根据病人所处的地区、气候、季节、生活习惯、饮食、年龄、婚姻状况、体质等的不同采取益气健脾，补血养心；活血化瘀，交通心肾；滋养肝肾；滋阴清火等不同的治疗方法，使"各得其所宜"，更好地治愈疾病，提高疗效。

在不同的疾病中可以出现相同的病理过程而表现出相同的"证"（证候），这时就要运用异病同治的法则，采用相同的治法。例如，心脑血管疾病中的脑动脉血栓形成、血管性头痛、心绞痛、心肌梗塞等只要临床表现为瘀血阻滞证，就可以用活血化瘀法；表现为气滞血瘀证，就可以用行气活血法；表现为气虚血瘀证，就可以用益气活血法等。对于这些异病，如辨出是同证，就可以同治。

4. 巧用药对

陈老常说"用药如用兵"，在中医临证治疗中，选方遣药犹如军人临阵调兵遣将，组方配伍一定要格外严谨。为了更好地提高疗效，陈老经常会使用"药对"，起到相互协同增强药力，相互纠正偏性，缓和其毒性的作用，与单味药简单堆砌相较而言，疗效更佳。药对的法则蕴含着深奥精辟的中国古代哲学思想，在中医方剂配伍中占有重要地位。比如麻黄配细辛：麻黄、细辛均为辛温解表、发散风寒常用药。麻黄辛开苦泄，重在宣发卫气，开通腠理，透发毛窍，发汗解表，主散肺与膀胱经风寒；细辛辛温走窜，达表入里，外行孔窍，直透肌肤，攻逐表邪，内走经络，宣泄郁滞，温通百节，可散肺与少阴肾经风寒。两药同用，协同鼓动内外之阳气以加强解表散寒之力，行于外则能解表散寒，活络止痛；行于内则能温肺化饮，通利肺气。肉桂配黄连：肉桂性温，有补火助阳、散寒止痛、温经通脉、引火归元等功效；黄连性苦寒，有清热、泻火、解毒的功效。二药合用能够使水火既济、阴阳交泰，治疗心肾不交之心烦、失眠等病症。龙骨配牡蛎：龙骨性甘、涩、平，归心、肝、肾经，具有镇惊安神、平肝潜阳、收敛固涩的作用；牡蛎性咸、微寒，归肝、胆、肾经，具有重镇安神、潜阳补阴、软坚散结的作用。两药配伍，具有镇惊安神、平肝潜阳、收敛固涩的作用，可用于治疗心神不安、惊悸失眠；阴虚阳亢导致的头晕目眩、心烦易怒；自汗盗汗、遗精滑精等证。附子配干姜：附子长于回阳救逆，走而不守，能通彻内外上下；干姜具有回阳通脉之功，守而不走，温中回阳。二药配伍，相须并用，干姜能增强附子回阳救逆的作用，正如前人之言"附子无姜不热"。且附子有毒，配伍干姜后，干姜能减低附子毒性，故二药相互有增效减毒之功。

学术思想

川派中医药名家系列丛书

陈学忠

一、肾虚血瘀致衰老学说

陈老率先提出"肾虚血瘀导致衰老"的理论，认为肾虚血瘀与衰老有着密切的关系，进一步提出并阐述了"生理性血瘀""生理性肾虚血瘀""隐潜性肾虚血瘀证""老年性肾虚血瘀综合征"等新的学术观点。鉴于这样的认识，对"肾虚血瘀"的理论和疗效进行了较为深入的研究，并以补肾化瘀为主要治则进行老年病防治，达到延缓衰老的目的。

1. 肾虚血瘀理论的内涵诠释

（1）肾为先天之本。

"肾为先天之本"首见于《医宗必读》。此语是与"脾为后天之本"相对而言的。"先天"是指人体受胎时的胎元。《灵枢·决气》曰："两神相搏，合而成形，常先身生，是谓精。"《灵枢·经脉》亦云："人始生，先成精，精成而后脑髓生，骨为干，脉为营，筋为刚，肉为墙，皮肤坚而毛发长。"由上述可知，"先天"是指禀受于父母的"两神相搏"之精，以及由先天之精化生的先天之气，是由遗传而来，为人体生命的本原。其在个体生命过程中，先身而生，是后天脏腑形成及人体生长发育的动力。"肾为先天之本"是指肾的功能是决定人体先天禀赋强弱、生长发育迟速、脏腑功能盛衰的根本。

肾居下焦，为阴中之阴脏，具有封藏、贮存精气的作用。如《素问·上古天真论》说："肾者主水，受五脏六腑之精而藏之。"《素问·六节藏象论》云："肾者，主蛰，封藏之本，精之处也。"肾所藏之精，既包括先天之精，又包括后天之精。肾所藏的先天之精是人体先天的基础，它禀受于父母，充实于后天。内容包括两个方面：一是与生俱来的、有生命的物质，是人体生命活动的基础，即所谓"人始生，先成精"（《灵枢·经脉》），以及"生之来，谓之精"（《灵枢·本神》）之"精"。二是指人类生殖繁衍的基本物质，即所谓"男女媾精，万物化生"（《周易·系辞传》），"两神相搏，合而成形，常先身生，是谓精"（《灵枢·决气》）。可见，先天之精藏之于肾，并在人体出生之后，得到后天之精的充养，成为人体生育繁殖的基本物质，故又名之曰"生殖之精"。

肾所藏的后天之精，是指五脏六腑之精。它源于后天水谷精微，具有营养脏腑组织的作用，即所谓"肾者主水，受五脏六腑之精而藏之"(《素问·上古天真论》)。肾中先天之精与后天之精密切相关：先天之精时时激发后天之精，后天之精则不断充养先天之精，二者相辅相成，互助互用，共同构成肾中精气。肾所藏之精，根据机体的需要，重新输送至其他脏腑，成为脏腑功能活动的物质基础。如此，藏中有泻，泄而又藏，循环往复，生生不息。正如《怡堂散记》所说："肾者，主受五脏六腑之精而藏之，故五脏盛乃能泄，是精藏于肾而非生于肾也。五脏六腑之精，肾实藏而司其输泄，输泄以时，则五脏六腑之精相续不绝，所以成其次而位乎北，上交于心，满而后溢，生生之道。"

肾藏精，精化气，肾气是生气之源，是生命力活动的原动力，具有推动人体生长发育、促进人体生殖机能、防御外邪入侵的作用，故称为先天之本。如《图书编·养肾法言》所述："肾在诸脏为最下，属水藏精。盖天一生水，乃人生身之本，立命之根也。"

肾为先天之本，是强调肾在人体生长发育及生殖功能中的重要作用。这种作用主要体现在以下几点：

其一，促进人体生殖机能。肾精是人体胚胎发育的原始物质，具有决定生殖能力盛衰的作用。人出生之后，肾精渐充，各脏腑组织随之生长壮大；至青春期，肾精充盛，天癸随至，性腺随之发育成熟，而见男子遗精，女子月经按时而至，性机能成熟，生殖能力旺盛；人至老年，肾精渐亏，天癸渐少，性机能与生殖能力渐减。正如《素问·上古天真论》言："女子……二七而天癸至，任脉通，太冲脉盛，月事以时下，故有子……七七，任脉虚，太冲脉衰少，天癸竭，地道不通，故形坏而无子也。丈夫……二八，肾气盛，天癸至，精气溢泻，阴阳和，故能有子……七八，肝气衰，筋不能动，天癸竭，精少，肾脏衰，形体皆极。"

其二，促进人体的生长发育。肾中精气具有很强的活力，随着肾中精气的盛衰变化，人体生命活动呈现出生长壮老的规律性变化。如《素问·上古天真论》云："女子七岁，肾气盛，齿更发长……三七，肾气平均，故真牙生而长极；四七，筋骨坚，发长极，身体盛壮；五七，阳明脉衰，面始焦，发始堕；六七，三阳脉衰于上，面皆焦，发始白；七七，任脉虚，太冲脉衰少，天癸竭……丈夫八岁，肾气实，发长齿更；二八，肾气盛，天癸至，精气溢泻……八八，则齿发去。"可见，肾气是生长发育的原动力，肾气充盛，则生长发育正常，齿坚发泽，骨壮有力，脏腑功能正常；若肾气亏虚，则生长发育迟缓，五软五迟，或齿脱发落，过早衰老，脏腑功能减退等症。李中梓言："婴儿初生先两肾。未有此身，先有两肾，故肾为脏腑之本，十二脉之根，呼吸之本，三焦之源，而人资之以为始者也。故曰先天之本在肾。"(《医宗必读·肾为先天脾为后天本论》)

其三，抵御外邪，防止疾病。肾中精气不仅能促进人的生长发育与生殖机能，而且具有保卫机体，防止邪侵的作用。《灵枢·刺节真邪》云："真气者，所受于天，与谷气并而充身者也。"真气，即人体真元之气。它是由先天之精气与自然界之清气和水谷之精气相结合而成，其中肾中精气起着重要作用。故肾精充足，则真气充盛，形体健壮，抗病力强；若肾精不足，则元真亏虚，形体虚衰，易于为病。《素问·金匮真言论》说："夫精者，身之本也。故藏于精者，春不病温。"孙思邈亦云："精少则病，精尽则死。"青壮之人，肾精充盈，真气充足，故体健少病；少年或老人，肾精不足，肾气亏虚，御邪力弱，故体弱多病。

"肾为先天之本"的理论学说，对于疾病的治疗具有重要指导意义。临床上，补肾精、益肾气之法，不仅可以治疗肾精亏虚所致小儿五软五迟、老人发脱齿摇，以及青壮年阳痿、早泄或经闭、不孕等症，而且还可以通过养生保精、补肾益气之法，增强人体的抵抗力，防止疾病的发生。

（2）生理性肾虚。

肾内寓元阴元阳，藏先天之精及五脏六腑之精华。肾精乃生命之基本物质，化阳生气生阳，行温养与气化之功，为脏腑气化之源，诸阳之根。化阴生阴血、精髓、津液以滋润养营形体与脏腑，为诸阴之本。正常情况下，肾中阴阳相配，体用结合，阴精充沛，温煦有源，促使了气血的旺盛流畅，气化的升降如常。但随着人体生、长、壮、老的过程，必然耗损精气，到中年以后逐渐出现的肾虚症征，可谓之"生理性肾虚"。

《素问·阴阳应象大论》云："年四十，而阴气自半也……年六十，阴痿，气大衰。"《素问·上古天真论》曰："女子七岁，肾气盛，齿更发长。二七而天癸至，任脉通，太冲脉盛，月事以时下，故有子。三七，肾气平均，故真牙生而长极。……七七，任脉虚，太冲脉衰少，天癸竭，地道不通，故形坏而无子也。丈夫八岁，肾气实，发长齿更。二八，肾气盛，天癸至，精气溢泻，阴阳和，故能有子。三八，肾气平均，筋骨劲强，故真牙生而长极。……五八，肾气衰，发堕齿槁。六八，阳气衰竭于上，面焦，发鬓颁白。七八，肝气衰，筋不能动，天癸竭，精少，肾脏衰，形体皆极。八八，则齿发去。肾者主水，受五脏六腑之精而藏之，故五脏盛乃能泻。今五脏皆衰，筋骨解堕，天癸尽矣。故发鬓白，身体重，行步不正，而无子耳。"说明肾精气的虚衰与衰老密切相关。后天诸因，如六淫、七情、饮食劳倦、时行疫毒等也可直接损及于肾或通过它脏累及于肾，从而导致肾精的亏损。正如古人云："五脏之伤，穷必及肾。"因此老年必然存在肾精的虚损，只是程度不同而已。

（3）血瘀。

血行不畅为血瘀，血瘀是指血液循行迟缓和不流畅的一种病理状态。《内经》中尚无"血瘀"之名，但有"血不得散""留血""凝血""恶血"等说法。汉代张仲景在《金匮要略》中提出"瘀血"病名，并归纳了血瘀证的临床表现和治疗方法。清代王清任在《医林改错》中阐发了血瘀证的症、因、脉、治问题，创立了著名的血府逐瘀汤、膈下逐瘀汤、少腹逐瘀汤、身痛逐瘀汤、通窍活血汤及补阳还五汤等治疗血瘀证的方剂。

血液的正常运行，有赖于阳气的温煦推动。若寒邪入血，寒凝血滞；或情志不遂，气郁血滞；或津血亏虚，血结停滞；或久病体虚，阳气不足，无力温煦推动血液的正常运行，便会形成血瘀证。

血瘀证的临床表现以局部刺痛，痛处不移，痛而拒按，夜间加剧，肌肤粗糙如鳞甲，面色晦暗，口唇色紫，舌质紫黯，或有瘀点、瘀斑，脉沉涩为主。辨证时，首先要确定血液瘀滞的部位，如瘀阻于心，可见心悸、胸闷、心痛；瘀阻于肺，可见胸痛、咳血；瘀阻胃肠，可见呕血、大便色黑如漆；瘀阻于肝，可有胁痛、痞块；瘀阻胞宫，可见少腹疼痛、月经不调、痛经、闭经、经色紫黯成块；瘀阻肢体局部，可见局部青紫、肿痛。其次要分析形成血瘀的原因，如面色淡白，身倦乏力，少气懒言，为气虚无力推动血液运行所致的气虚血瘀证；如患者性情急躁易怒，胸胁胀闷疼痛，日久不解，发展为胸胁刺痛、拒按，甚则胁下出现痞块等症，乃由气滞导致的血瘀证；如手足局部冷痛，肤色紫黯，多与感受寒邪或阳虚生寒，寒凝血脉有关；若发热、口渴、头痛、烦躁、神昏谵语、肌肤发斑，甚或出血，少腹坚满胀痛，大便色黑，是瘀热互结下焦的表现。血瘀证的成因，常可相兼为患，如气虚，加之情志不舒，可形成气虚气滞的血瘀证。

（4）生理性血瘀。

血液行濡养之功，循于脉中，流布周身，以和为贵，以通为用。血液运行与心主血，肝藏血，脾统血，肺布血的正常与否有关。《素问·上古天真论》言："五八，肾气衰，发堕齿槁。六八，阳气衰竭于上，面焦，发鬓颁白。七八，肝气衰，筋不能动，天癸竭，精少，肾脏衰，形体皆极。八八，则齿发去。……今五脏皆衰，筋骨解堕，天癸尽矣。"《素问·生气通天论》言："阳气者若天与日，失其所，则折寿而不彰。"人步入老年以后，肝、心、脾、肺、肾等五脏功能减退，阳气不足，血液的化生、循行、输布等减弱，致脉道涩滞出现生理性血瘀。

（5）生理性肾虚血瘀。

肾阳的温煦，肾阴的化生是各脏腑经络维持生理功能、血液化生、循行、津液输布的重要保证。肾精不足可致化气无源，无力温煦、激发、推动脏气；精不化血或阴血不充可致阴亏血少，诸脏腑、四肢百骸失其濡养。从而出现三焦气化不利，气机升降出入失常，血失流畅，脉道涩滞乃至血瘀。

正如王清任在《医林改错》中指出："人行坐动转，全仗元气，若元气足，则有力；元气衰，则无力；元气绝，则死矣。"元气者，肾气也，乃肾精所化，一旦"元气既衰，必不能达于血管，血管无气，必停留而瘀"。因此肾虚常常兼有血瘀。血瘀又进一步影响气血运行、津液输布和五脏调和，加重了各脏腑的功能失调。肾藏先天之精，需不断得到后天之精的补充。若脏腑功能受损，化源不足，先天失去后天之培补滋养，致肾精日益虚损。如此肾虚导致血瘀，血瘀又加重肾虚，形成恶性循环，加速脏腑组织器官衰老和老年病的发生。据上所述，陈老认为健康老人随着增龄出现的血瘀症征，可视为"生理性肾虚血瘀"。这是人生、长、壮、老过程中必然出现的生理性衰退变化。

（6）隐潜性肾虚血瘀证。

"生理性肾虚血瘀"是一个渐进过程，在发生、发展的早期阶段，若按中医传统宏观辨证方法，可能"无症可辨"或证候不太明显。而实验室微观检测却发现神经内分泌、免疫、氧自由基代谢等方面的异常改变，并同时出现血液流变学、微循环异常，对于这种情况，可诊断为"隐潜性肾虚血瘀证"。

（7）老年性肾虚血瘀综合征。

步入老年，一些常见多发老年病如高脂血症、老年冠心病、脑动脉硬化、高血压病、脑血管意外、老年痴呆、肺心病、糖尿病、慢性胃炎、慢性前列腺炎、慢性肾炎、慢性肾功能不全、性功能障碍、更年期综合征等逐渐发生，严重危害老年人的身体健康，也是最常见加速衰老和导致死亡的原因。这些病分别属于中医的心悸、胸痹、真心痛、厥心痛、眩晕、头痛、耳聋、痴呆、中风、四肢痿痹不仁、消渴、胃脘痛、腰痛、癃闭、淋浊、肺胀喘咳、水肿、阳痿等病候。根据中医辨证理论，除了其特征性的原发病症以外，几乎每种病都共同存在不同程度的肾虚血瘀症征。

现代医学分析各种病的发病机理不一，然而以中医整体观念为依据，进行脏腑辨证，发现尽管其病位在各脏腑，但究其本，其根仍在肾，均与肾虚血瘀有关。"生理性肾虚血瘀"的发生不可避免，并随着增龄，血瘀不断加剧，发展到一定程度，会出现化生气血减弱，无力鼓动一身阳气，导致气血失其流畅，三焦气化不利，脏腑功能失调而引起多种老年病，即"血气不和，百病乃变化而生"（《素问·调经论》）。

实验室检查提示，不同的疾病，在神经内分泌、免疫、合成代谢、氧自由基代谢方面都存在类似的紊乱，并有血液流变学异常，微循环障碍，血液浓、枯、凝、聚，血流缓慢，流态异常等"脉不通，血不流"的瘀血病理改变。一些常见的老年病包括高脂血症、脑动脉硬化、老年痴呆、冠心病等几乎都存在不同程度的肾虚血瘀证，因此陈老认为对各种老年病出现的具有共同特征的肾虚血瘀证，可称之为"老年性肾虚血瘀综合征"。它反映了不同类型的老年病在其发生发展过程中具有共性的生理病理变化规律，表明肾虚血瘀是多种老年病的主要病理基础，这对防治老年病有重要的指导意义。

2. 肾虚血瘀的病因病机及临床表现

在人体衰老过程中，肾虚为本，血瘀为标，本虚标实，互为影响，互为因果。肾精亏虚可致化生阳气无源，无力温煦、激发、推动脏气；精不化血或阴血不充可致阴亏血少，脏腑、四肢百骸失其濡养，出现气机升降出入失常，血失流畅，脉道涩滞乃至血瘀。肾虚常常伴血瘀，肾虚可促进血瘀的发生发展，血瘀又加重肾虚。

肾虚血瘀病人会出现早衰、健忘、失眠、头晕、耳鸣、视力减退、听力衰减、骨骼与关节疼痛、腰膝酸软、不耐疲劳、乏力、头发脱落或须发早白、牙齿松动易落、性欲减退、夜尿多、尿余沥难尽、脉沉细无力等肾虚表现，以及明显的瘀血表现，如色素沉着、皮肤甲错、舌质瘀暗或瘀点、舌下脉络粗长扭曲、脉涩、结代等。

"虚瘀致衰"理论的提出，开拓了延缓衰老的思路。益气化瘀、补肾化瘀、补肾健脾化瘀等法则的提出并运用于临床的预防、保健、治疗，取得了显著的疗效。对一些与衰老有关的疾病如高脂血症、高黏血症，及一些老年常见病、多发病如冠心病、高血压病、脑动脉硬化症、老年痴呆、中风、前列腺肥大等，单用活血化瘀法或用补肾活血、益气活血等法进行治疗，均获得较好疗效。综上所述，在努力发掘祖国医学宝库，继承传统衰老理论和养生术的同时，更需要紧密结合现代医学科学的发展，才能对衰老理论不断发展和创新，为延缓人类的衰老进程，提高老年人的生存质量作出贡献。

二、肾虚血瘀理论与心脑血管疾病

辨证论治是中医学的特点，强调具体情况具体分析，西医以辨病为主，重视局部的器质和功能变化，在诊断和治疗方面有许多特长，将中医的辨证与西医的辨病相结合是中西医结合临床研究的基本思路。

老年心脑血管疾病患者按中医辨证肾虚证候相当突出，且多兼有血瘀证。治疗上抓住肾虚血瘀的辨证，相应施以补肾化瘀为主的治则与方药，对老年心脑血管疾病的防治疗效显著。

1. 肾虚血瘀与脑动脉硬化症(脑络痹)、老年血管性痴呆(呆病)

肾能生髓，髓通于脑，年老肾亏，精髓渐空，脑海失充；肾阳虚衰，脾失温煦，运化失司，痰湿不化而内聚，阻滞血道，血行不畅，渐积成瘀。脑络不畅，清窍蒙闭，而逐渐出现眩晕耳鸣、健忘、手足麻木，甚则发展为以认知、记忆、言语、情感、性格等方面的精神减退或消失为主要表现的痴呆症。

2. 肾虚血瘀与高血压病（风眩）、脑血管意外（中风）

肾精虚损，肾水难生，水不涵木，肝失濡润，肝阳上亢，虚风内动，头昏眩晕，血压升虚火灼伤阴津致血脉干涩，滞行不畅，成瘀；或虚风内动，挟痰浊上扰，阻塞脉络致中风诸症。脑卒中病因，风、火、痰、瘀、虚为其五端，致使气血逆乱，中脑及其脉络。其中血瘀证可能是中风病的基本证候之一，痰瘀阻络壅窍是中风发病的直接原因。因虚致瘀是发生本病的根本原因，瘀血闭窍阻络是脑梗死的主要矛盾，血瘀证候贯穿病变的始终。

3. 肾虚血瘀与冠心病（胸痹心痛）

肾与心之间，阳气互通互养，精血互生互化，心肾互济，故能温养脏腑，运行营血。如肾精亏损，从阳可致心气亏虚或心阳虚衰。营血失宣，气难行血，血脉壅滞，久郁成瘀，积聚脉道，阻滞心脉，致成阳虚型心痹证；从阴可致心脏阴血虚损，营血不充，心体失养，心脉空虚，营血不利，心脉失荣，久致心脉营血郁滞成瘀，致成阴虚型心痹证。临床除具所属证型虚损病候外，皆可兼有心胸憋闷、心前区阵发性刺痛，面色晦暗、唇舌青紫，舌见瘀晦或瘀斑。瘀阻较甚而病重者可致气机闭阻，心胸阵发性绞痛，气息喘急，爪甲青紫，大汗淋漓，四肢不温等重危证。

4. 肾虚血瘀与心力衰竭

老年人心衰，其病位虽在心，但多有肾气衰存在，其本在肾。因下元亏损在前，病累及于心，心气虚衰，心阳不振。心主血脉，心气推动血液运行无力，致瘀血；肾气虚，气化失司，水饮内停，因而出现气喘心累，不能平卧，下肢水肿，面色晦暗，口唇瘀紫，胸闷痛，右肋下痞块，脉涩或结代等阳虚水停、血瘀症状。尤其在心力衰竭中、后期，以心肾阳虚兼血瘀证多见。

综上所述，肾虚血瘀可以较全面地概括老年人衰老及病变的病因病机和体质状态。肾虚血瘀是老年人心脑血管疾病的基本病理改变，肾虚导致血瘀，血瘀加重肾虚，肾虚为本，血瘀为标，促使了疾病的发生发展。肾虚临证需辨肾精虚、肾阴虚、肾气虚、肾阳虚。

5. "补肾健脑、活血化瘀"治疗脑血管疾病

依据衰老的本质是肾虚血瘀，临床上可以补肾化瘀延缓衰老和防治老年脑血管疾病。通过补肾化瘀，保证了元阴元阳化源不绝，血脉经络通畅无阻，五脏六腑、四肢百骸皆能得到精气的滋养、温煦，以维持正常生理功能，延缓了机体的衰老。在临床工作中，陈老研制了以补肾化瘀为主治疗脑血管疾病的新药——健脑通脉胶囊。健脑通脉胶囊治疗脑血管疾病，能明显改善头痛、头昏、耳鸣等症，提高记忆力，增加脑供血，降低血脂等。可见肾虚血瘀致衰和补肾化瘀延缓衰老法则的提出，是对中医衰老理论的深入探索，是扶正祛邪法则的具体运用，在促进中老年人延缓衰老、祛病延年等方面将有广阔的前景。

6. "补肾强心、活血化瘀"治疗冠心病

陈老提出从心肾亏虚、血络瘀阻理论来认识冠心病心绞痛病机，认为冠心病患者尤其是中老年患者普遍存在肾虚挟瘀的情况，肾虚与血瘀相互影响，肾虚为本，由虚致瘀，血瘀存在又可加重肾虚。主张治疗以补肾强心、化瘀通络为原则，创制参芪冠心汤治疗冠心病引起的胸闷、胸痛、心累、气紧等症，取得良好效果。随后研制了参芪冠心片，获得国家知识产权局颁发的"补肾强心、化瘀通络的中药"的专利证书。

7. "健脑软脉化斑颗粒"防治颈动脉斑块

陈老指出随着年龄的增长，人体生理老化现象的主要特征之一便是动脉硬化，动脉粥样硬化又是动脉硬化中最常见的类型，为冠心病和脑中风的主要病因。动脉粥样硬化是多种因素作用于不同环节所引起的疾病，主要因素包括年龄、性别、总胆固醇、三酰甘油、低密度脂蛋白胆固醇、尿酸、C反应蛋白、同型半胱氨酸、高血压、糖尿病、吸烟、饮酒等，同时，职业、饮食、肥胖、遗传、微量元素的摄入也与动脉粥样硬化的发生有关。现代医学认为，动脉粥样硬化是心脑血管疾病的病因，也是两类疾病的共同病理变化基础。预防和治疗动脉粥样硬化便成为治疗心脑血管疾病的根本和基础。颈

动脉作为人体体表大动脉，是动脉粥样硬化最易累及的血管之一，故可以将颈动脉作为一个观察窗口，了解全身动脉粥样硬化情况。颈动脉粥样硬化在中医学中属于"项脉痹"范畴，对于其病因、病机的阐述与其他脉痹相关性疾病相同。对相关文献加以分析及整理发现与之论述最多的当属痰浊、血瘀。故而补肾化瘀法是治疗动脉粥样硬化的重要方法，并根据肾虚血瘀理论，结合中医辨证及现代实验研究，陈老研制出软脉化斑颗粒。软脉化斑颗粒是由淫羊藿、土鳖虫、灵芝、丹参、姜黄、山楂、蒲公英、桑叶八味药材组成，具有补肾填精、活血化瘀及化痰通络之功效。

三、辨证与辨病相结合，中西互参

当前，辨证论治的方法已由以宏观为主体，发展为宏观与微观并重，由单纯辨中医之证，发展到辨中医之证与西医之病并重。对此，陈老主张，临证时既要掌握用中医四诊，辨中医之证，又要学会运用现代诊疗手段和技术，辨西医之病，要擅于取二者之长，病证结合为我所用，以扩大中医的研究范围，促进中医学术的发展。具体而言，应注重宏观结合微观，中医通过四诊收集临床资料进行辨证，从而确定相应治法，这就决定中医对疾病的认识偏重于宏观临床表现，而对微观病理改变认识不足。但是临床所见一些疾病，现代医学检查发现其微观病理变化已经十分严重，而其临床表现却十分轻微，有时甚至无任何异常临床表现，即所谓"无症可辨"，从而延误疾病治疗。如果能够借助西医先进的检测手段，便能对疾病微观病理变化有透彻了解，从而做到宏观与微观相结合。西药偏重于针对疾病局部病理改变进行治疗，而在全身机能调节上尚显不足；中医则偏重于从改善整体机能进行治疗，而比较缺乏具有较强针对性的治疗手段，二者各有所长。因此陈老在临证中采用辨证与辨病相结合，运用双重诊断以确诊，使传统方法与现代科学方法有机结合，从而更有利于明确诊断，审因论治，处方遣药，不断提高疗效。

四、推崇经方、灵活运用

经方以其"立法严谨、组合有序、方证明确、药简效宏、可垂范后世",而被誉为方剂之祖。王琦指出:"汉代张仲景《伤寒杂病论》方剂,之所以能流传至今,并作为经典方剂为中医各流派所遵从,就在于其用药配伍合理,临床验之有效。合理运用经方,其关键就是抓住病机,从整体上把握药物的运用,要继承,但不要墨守成规。"经方奠定了中医学辨证论治的基础,而辨证思维充分体现了中医学认识疾病的灵活性。随着现代社会快速发展,经济、文化、工作环境、自然环境的变迁等要素与古代差别很大,致病特点也错综复杂,加之当今患者情绪的不同、性格的差异、经历差异、社会环境的差别,以及抗生素滥用等原因,对疾病的发生发展也有不同的影响。因此,选用经方应与时俱进,因人因时因地辨证灵活应用。

陈老认为选用经方要根据药物的作用,推求全方的功效与主治病证,其中所推求的病机最为关键。应充分明确现证与经方原文的异同点,即使在原方证中有详细的病证描述,也要紧扣病机,选用经方。临证中,要精通并研究经方方药的功效,同时培养具备扎实的辨证论治、审证求机的中医思维能力。

陈老善用经方,如用小柴胡汤治疗一位 94 岁高龄患者。患者受凉后出现眩晕、乏力、行走不稳,症状逐渐加重,致卧床不起,纳差不欲食。陈老认为患者正气亏虚、余邪未尽,当以小柴胡汤扶正祛邪,服 1 剂后患者便精神转佳,能下床活动,见效入神,展现了经方神奇魅力。还有一例用附子理中汤治疗泄泻案例。患者反复腹泻半年,每天凌晨 5、6 点出现腹痛,随即腹泻 4~5 次,先干后稀溏,便后痛减,出现虚寒淋漓,全身乏力,头晕不适,偶有恶心。先后到多家医院就诊,诊断为肠易激综合征,治疗后效果欠佳。来我院寻求中医治疗。舌体胖大,舌质淡,苔薄白,脉细。陈老辨证为脾胃虚寒证,予以附子理中汤治疗后痊愈。陈老一直强调,临床诊疗,只要辨证准确,尽管只有简单几味中药,也可药到病除。

五、升降温里法治疗脾胃疾病

升降温里法是陈老临床总结创立的治法之一，主要由补中益气汤、四逆汤、半夏泻心汤合方构成，用于治疗脾虚气陷、寒热错杂的多种疾病，如腹胀、便秘、腹泻、郁证、溃疡、痰饮病等，其与脾胃损伤关系密切。

脾属太阴，性升散而喜温；胃属阳明，性沉降而恶燥。脾与胃相表里，同居中焦，脾主运化，胃主受纳，脾主升，胃主降，脾以升为健，胃以降为顺，脾胃一升一降，共同调节人体气机，为气机调节枢纽。中焦受损则脾胃同病，升降失司。脾虚则清阳不升，温煦失司，肌肉四肢百骸失养；清阳下陷，即《内经》所言"清气在下，则生飧泄"。阳气不升反降则致浊气不能顺降，胃腑以通为降，浊气不降反升，则为《内经》所言"浊气在上，则生䐜胀"。清浊相干，阻塞于中焦，则为痞证。升降温里法遵循脾胃的基本特性，健脾补脾，以补中益气汤益气升阳（与四君子汤相比，其有升麻、柴胡生发阳气，加用黄芪补脾肺之气，李东垣认为脾胃虚弱，不能把脾胃化生的精气游溢至肺，肺失濡养，故土虚不能生金，肺气亦虚，故用黄芪补两脏之气），同时因脾虚常易生寒，故用四逆汤之辈温阳散寒。而半夏泻心汤则用"辛开苦降"顺应脾胃之性，其中干姜味辛，辛散之性最为中焦脾所喜爱；半夏味辛，性平，辛即能升散，平则能下气，故《神农本草经》说其"主寒热，心下坚，下气，咽喉肿痛，头眩胸胀，咳逆肠鸣"；黄连、黄芩味苦，性寒而使气下，与胃的通降之性相符。几方合用，"升降温里"自备，顺应了脾胃之性，则胀满泄利等诸症自除。如一老年女性，胃脘胀满疼痛、全腹冷痛、打嗝、泛酸、口苦、肛门坠胀感，纳寐差，大便3日未解，小便可，舌胖大，舌质淡，苔白，脉弱。陈老认为此为脾虚下陷、寒热错杂证，以升降温里法治疗，方用半夏泻心汤合补中益气汤加减，4剂药后患者症状明显好转。陈老对复杂病机善于分析，精准辨证，不拘泥于固有思路，故获满意的疗效。

六、开郁和中法治疗郁证

开郁和中法为陈老针对肝郁气滞、枢机不利、气血阴阳失调、寒热错杂的复杂病机创立的一种治疗方法,适用于一系列的情志失调伴有寒热错杂型的郁证、痞证等疑难病症。由柴胡桂枝汤合半夏泻心汤加减而成,柴胡桂枝汤出自《伤寒论》:"伤寒六七日,发热,微恶寒,支节烦疼,微呕,心下支结,外证未去者,柴胡桂枝汤主之。"柴胡桂枝汤为小柴胡汤与桂枝汤各减半合而成之,小柴胡汤寒温并用,攻补兼施,升降协调,外证得之,重在和解少阳,疏散外邪;内证得之,疏利三焦,调达上下,宣通内外。桂枝汤,外证得之,解肌和营卫;内证得之,调气化阴阳。柴胡桂枝汤为二方相合,功效亦为二者之总和。半夏泻心汤出自《伤寒论》,具有调和肝脾,辛开苦降,寒热平调,消痞散结之功效。陈老独创的"开郁和中"去清上焦肺热的黄芩,独取黄连入中焦,清化中焦痰热,去生姜保留干姜专于温中散寒,寒热并调。统观全方具有疏肝解郁、调理阴阳、调和营卫、健运脾胃、补益气血、和中消痞、平调寒热之功。一中年女性,腹胀、失眠1年余,入睡困难,中途易醒、口淡无味、周身麻木疼痛、月经淋漓不尽。既往有抑郁症病史。望患者面容焦虑,舌体略胖大,浅齿印,苔白厚腻,脉弦涩。陈老以开郁和中法治之(柴胡15 g、桂枝15 g、干姜20 g、黄连片10 g、法半夏30 g、白芍15 g、葛根80 g、党参段30 g、炙甘草15 g、大枣30 g),6剂药后患者复诊甚为高兴,诉腹胀、失眠明显改善。

七、特殊疾病,善用重剂,不畏相畏相杀

1. 特殊疾病,善用重剂

陈老在临床中遇到特殊疾病时,善用重剂,尤其善于发挥单味药的特性,即所谓"重剂起沉疴"之意。所谓重剂,一是指药量大;二是指药性猛。临床准确辨证,用药功专力宏,对于重症沉疴往往起到力挽狂澜之效,临床效果显著。《素问·六元正纪大论》中记述:"黄帝问曰:妇人重身,毒之奈何?

岐伯曰：有故无殒，故无殒也。"要做到有故无殒，首先要做到辨证准确，正确把握是否存在确切的"故"，即病因病机，而且还要权衡"故"的轻重缓急，从而给出针对性的治疗，如此才能做到"有故无殒"。

如在治疗李某（女，75岁，反复心累，气紧10年，加重伴双下肢体水肿5天）时，中医诊断为心衰，辨证为阳虚水泛。处方予五苓散合防己黄芪汤加减，以温阳益气，利尿消肿。药物为桂枝30 g、猪苓20 g、泽泻30 g、茯苓100 g、白术30 g、防己30 g、黄芪100 g、丹参30 g、人参15 g、赤小豆80 g、车前子30 g、椒目10 g、白附片60 g。口服上述中药治疗后患者小便量明显增多，每日小便达3 000～4 000 mL，无电解质紊乱，5日后全身水肿完全消退，心累、气紧明显好转，能平卧休息。方中茯苓、黄芪、赤小豆、白附片均使用大剂量，发挥其温阳利水、补气健脾之力。

再如一老年女性患者，入院前无明显诱因出现"右上腹疼痛，黄疸1月"。于当地医院行超声检查发现肝脏占位、胆管内新生物梗阻。后到某医院住院行MRI等检查诊断为胆管癌，由于手术风险大，患者拒绝手术，求陈老诊治。症见：神疲乏力，身目暗黄，皮肤瘙痒，畏寒肢冷，右上腹痛，恶心欲吐，纳差，大便干结，小便深黄，舌体胖大，舌质淡，有瘀斑，苔黄腻，脉细弱。中医诊断为黄疸，辨证为肝气郁结、中阳亏虚、寒湿内蕴，治以柴胡疏肝散合四逆汤，以疏肝理气、温中健脾、利湿退黄。药物为柴胡15 g、赤芍60 g、枳壳15 g、陈皮15 g、木香12 g、附片30 g（先煎）、金钱草30 g、干姜20 g、党参30 g、青皮15 g、法半夏30 g、炙甘草15 g。服药4剂后，患者神疲乏力明显减轻，食纳增加，腹部胀痛及身目黄染减轻，大便易解，未见明显不良反应，改赤芍90 g继续前方，继服药6剂后，黄疸明显减轻，食纳基本正常，病情稳定黄疸未再加深，腹痛缓解，随访2月间患者生活质量良好。陈老以柴胡疏肝散合四逆汤加味赤芍、金钱草等，方中重用赤芍，达到了临床治疗的目的，赤芍味苦，性微寒，归肝经。《神农本草经》云其："主邪气腹痛，除血痹，破坚积，寒热疝瘕，止痛，利小便，益气。"

陈老坦言，临床上遇到某些疾病敢用重剂，必须有一定的临床用药经验，对药物的性能有深刻理解，对药物炮制、药品的质量也必须考虑周全。做到对理、法、方、药各环节准确的把握，才能在面对特殊疾病时，以重剂起沉疴。

2. 用药大胆，不畏相畏相杀

"师古而不泥古，遵经而不迷经"，用药既要有原则性，更要有灵活性，有些重要、主要的药，一定量大重用。陈老用药大胆，辨证准确，一击即中，效果颇佳。例如：王某某，男，90 岁。因"反复呃逆13天"就诊。患者13天前无明显诱因出现呃逆，精神欠佳，呃逆频发，伴双下肢乏力，纳眠欠佳，微咳、口干，大便3日未行，舌略胖，浅齿印，质略红，舌中间缺苔少津，脉细。无头晕、头痛，无反酸、烧心、胃脘痛，无咯痰等不适症状。患者四处求医，用针灸、艾灸、推拿及服用西药均不见效，症状持续未缓解。患者说偶然在网上看到陈老用旋覆代赭汤治疗呃逆的医案效果极佳，故今求诊于陈老处。中医诊断为呃逆，辨证为肺胃阴虚、胃气上逆，治法为降逆止呃，处方以麦门冬汤合丁香柿蒂散合旋覆代赭汤加减，药物为丁香 10 g、郁金 15 g、旋覆花 10 g、煅赭石 30 g、党参 30 g、法半夏 15 g、柿蒂 10 g、炙甘草 15 g、麦冬 90 g、山药 50 g、大枣 30 g、生姜 3 片，4 剂，每天一剂，每日三次，口服。患者第一次服药后凌晨才开始打嗝，第二次服药之后症状更加明显减轻，后又服了三次药打嗝完全消失了，仍口干，舌略胖，质略红，舌尖已生苔。效不更方，继续服药 4 剂巩固。1 周后电访，患者家属诉前症皆好转，已无不适。患者为 90 岁老年男性，年迈体虚，耗伤津液，胃阴不足，虚热内生，胃失濡润，气失和降，故不欲饮食；胃阴亏虚，阴津不能上滋，则口干，不能下润，则大便干结；舌质红，少津，中间苔缺，脉细为胃阴不足之症。该病主要为胃气上逆动膈，气逆上冲，喉间呃呃连声，声短而频，患者难以自制。《素问·宣明五气篇》云："胃为气逆，为哕。"指出该病的病位在胃，与胃气、肝相关，呃逆主要由于寒凝、气滞、痰浊内阻，导致气机不降，故发为哕。在治疗上以散寒、化痰、降逆、平呃为原则。方中重用麦冬养阴生津，清降虚火，以润肺益胃；丁香辛温，温胃散寒、降逆止呕；柿蒂苦平，降逆止呕，专治呃逆；旋覆花下气消痰，降逆止呕，赭石甘寒质重，沉降下气，降逆止呕，《医学衷中参西录》曰："其质重坠，善镇逆气，降痰涎，止呕吐。"助旋覆花降逆止呕；半夏燥湿化痰、降逆止呕、消痞散结；重用麦冬少佐半夏，则半夏燥性被制约而降逆之功存，且麦冬得半夏则滋而不腻，相反相成，培土生金，虚则补其母之法；去粳米加山药助大枣养胃生津，助君臣补养肺胃；生姜温中散寒，降逆止呕，增强此方降逆止呕之功；佐以党参、大枣、甘草甘温以补脾胃之虚，且防金石之品伤胃；肝气不疏亦可横逆犯土，故少佐郁金。诸药共行降气止呃之功。凡胃气者，肺之母气也，人参、甘草、麦冬、大枣补气生津，胃津上输于肺，肺清而火平，肺调而气顺。

  有关处方中丁香、郁金作为中药十九畏之一，历来为众多医家慎用之药。而现代实验提示二药合用未发现明确不良反应，反而在古代方剂和现代医家的临床应用中，二者配伍却有很好的临床效果。陈老运用丁香、郁金配伍入药治疗脾胃疾病疗效是很确切的。此外陈老尤善使用白附片。依据十八反，乌头反半夏、瓜蒌、贝母、白及、白蔹，但并不是反附片。结合其他老中医的经验，陈老仍大胆反复在使用。临床中附片和法半夏是常用的配伍。这些临床案例均表明临床治疗可以打破禁锢，扩大治疗范围，只要病机相合，病性相同，可以大胆地使用药物，效应如神。

学术传承

川派中医药名家系列丛书

陈学忠

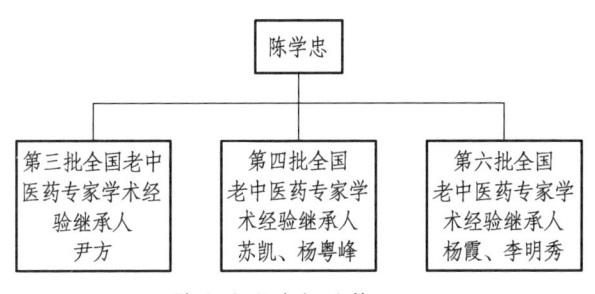

```
                    ┌─────────┐
                    │ 陈学忠  │
                    └────┬────┘
         ┌───────────────┼───────────────┐
   ┌─────┴─────┐   ┌─────┴─────┐   ┌─────┴─────┐
   │第三批全国老中│   │第四批全国  │   │第六批全国  │
   │医药专家学术经│   │老中医药专家学│  │老中医药专家学│
   │验继承人    │   │术经验继承人 │   │术经验继承人 │
   │  尹方     │   │苏凯、杨粤峰 │   │杨霞、李明秀 │
   └───────────┘   └───────────┘   └───────────┘
```

陈学忠学术经验传承图

陈学忠系全国优秀临床人才指导老师，全国名老中医传承工作室专家，第三、四、六批全国老中医药专家学术经验继承工作指导老师，医、教、研并举，曾任四川省第二中医医院老年病科主任及中西医结合老年病研究室主任、四川老年病中医防治中心主任、成都中医药大学客座教授、成都中医药专家顾问团成员，建立了全国名老中医陈学忠专家传承工作室及省名中医工作室，退休后仍坚持下基层中医院会诊、查房、指导重点专科建设，培养基层医师及中医药传承型人才，先后培养成都中医药大学及泸州医学院（现西南医科大学）硕士研究生、国家及省市级学术经验继承人、全国优秀中医临床人才、四川省第二中医医院名中医工作室及四川省内各地师承学员达上千之众，桃李满天下。现述如下：

尹方

尹方（1964—），女，主任中医师，四川省第二中医医院老年病科副主任，毕业于成都中医药大学，第三批全国老中医药专家学术经验继承人，全国名老中医陈学忠传承工作室负责人，四川省中医药老年病防治中心副主任，中国中西医结合学会虚证老年医学专委会委员，四川省中西医结合学会虚证老年病专委会副主委，四川省老年医学会中西医结合专委会常委，四川省中医药学会心血管专委会委员。主持省科技厅科技支撑计划项目1项、省中医局课题3项，主研参与省科技厅及省中医局课题12项，获省科技进步奖1项（主研），公开发表学术论文20余篇，撰写专著3部（分别为主编、副主编、编委）。

尹方全面继承和整理了陈学忠治疗心脑血管疾病的学术思想，即以肾虚血瘀为指导，以补肾化瘀为法则，运用补肾益气、活血化瘀、化浊消斑等药物，开展老年人心脑血管病的预防和治疗以及实验室的基础研究，取得了较为满意的效果。

尹方在继承和传承陈学忠学术思想的基础上，扩展了研究内容，发扬了陈学忠学术思想，在以补肾活血法治疗心脑血管疾病基础上注重温阳。她认为阳气虚弱，胸阳不足，心主血脉功能失常，阴乘阳位，气血瘀阻导致胸闷、心胸疼痛为主的冠心病发生；心肾阳虚，神明失养发为老年性痴呆；心肾阳虚，温煦不足，脉络挛急，血行不畅，风邪乘虚入侵发为缺血中风；老年高血压病中晚期，病情由阴及阳，心肾阳虚，心主血脉功能失常，气血逆乱，出现以眩晕、头痛、血压升高为主的高血压病。因此，老年阳气虚损，特别是心肾阳虚在老年心脑血管疾病发生过程中起重要作用，即"血气者，喜温而恶寒，寒则泣而不能流，温则消而去之"。她指出在辨证治疗的过程中，应根据阳虚见证的不同随证而治，灵活选方，充分重视温阳法的运用。温即有温通、温补、温散之意，由于老年心脑血管疾病部位浅深、程度轻重的差别，故温阳法又有温通心阳、温补肾阳、温经散寒等法；然而因虚致实，瘀、痰、湿等病理产物导致气血瘀阻，形成正虚邪实，本虚标实，正虚邪恋等虚实夹杂的病理变化，故在温阳法基础上常常兼用活血化瘀、化湿祛痰等方法。尹方在老年心脑血管疾病治疗过程中，常用的温阳法有温阳解表法、温通心阳法、温阳利水法、温经通络法、温补肾阳法等等，擅长治疗眩晕、失眠、脑动脉供血不足、中风后遗症等心脑血管疾病。

苏凯

苏凯（1964—），男，主任中医师，成都中医药大学硕士生导师，四川省第二中医医院大内科主任兼老年病科主任，担任国家中医药管理局"十一五"重点专科和卫生部中医重点临床专科主任，四川省名中医，四川省中医药管理局学术和技术带头人，第四批全国名老中医专家学术经验工作继承人，第七批全国老中医药专家学术经验集成工作指导老师，四川省中医药科学院突出贡献专家，四川省第二届干保会诊专家。现任中国中医药研究促进会脑病学分会常务委员、四川省中西医结合学会老年病专委会常务委员、四川省中医学会老年病专委会副主任委员、四川省中医药学会心衰专委会副主任委员。任现职以来先后承担20余项省厅、局级科研课题主研和负责人，课题重点针对中医药治疗老年心脑血管疾病进行，提高中医临床疗效。发表《老年心脑血管疾病与肾虚血瘀的相关性》等学术文章10余篇，参编《肾虚血瘀学术思想的探讨》专著1部。

苏凯全面继承和整理了陈学忠学术思想，即肾虚血瘀是老年心脑血管疾病的基本病理基础，认识和运用这些理论，对老年病的预防和治疗具有重要实践意义。在"肾虚血瘀"理论指导下，其运用中医药特色疗法治疗心脑疾病，坚持以提高中医临床疗效为核心，以中医学整体观念和辨证论治为特色，优化临床诊疗方案，中医药专科特色更加突出。临证心脑血管疾病时，苏凯在补肾化瘀基础上多以"重脾肾、调肝"为核心的学术思想指导临床，其治病特点是顾本治标，多脏器全面照顾，注重顾护气血，不滥用辛散耗伤气阴之品，遣方用药常寓于平淡之中而见高妙。

杨粤峰

杨粤峰（1972—），男，副主任中医师，四川省中西医结合医院心内科主任，第四批全国名老中医专家学术经验工作继承人。现任中国民族医药学会老年病分会理事、四川省中医药学会心衰专委会委员、四川省老年医学学会胸痹（冠心病）专业委员会委员、四川省中医药学会心脑血管专业委员会委员、高新医学会心血管专委会委员、四川省中医药学会老年医学专委会委员、四川省中医药学会络病专业委员会委员、四川省老年医学学会中西医结合专业委员会委员等多个专委会委员。主研省级以上科研课题 2 项，参与省级以上协作课题 4 项，作为副主编参编心血管专著 1 部，编委参与中医专著 1 部，在国家级及省级等专业杂志发表论文 20 余篇。

杨粤峰在继承及发扬陈学忠学术经验中指出运用气血理论治疗各种病证，效果颇佳。其一，以气血动态辨治失眠，他认为失眠患者都存在瘀血的病理特征；反过来瘀血又是致病因素，血碍气行，气血失和，进而致阴阳失调，水火失济，心肾不交，相互影响造成失眠的迁延不愈，形成恶性循环，即"不寐一证乃气血凝滞"，方选血府逐瘀汤合交泰丸，两方合用，使得气血调，心肾交，阴阳和，而失眠自愈。其二，"怪病、难病、久病从瘀从痰论治"之观点，各种病理情况都可导致血瘀，如气郁、气滞、痰浊、肝火、气虚、阴虚等，都是导致胸痹心痛的病理基础，但都以气滞血瘀、瘀血内阻为辨证要点，而血府逐瘀汤中方药正是行气活血之品，凡脏腑中有气血凝滞皆能流通，使之各有所归。其三，在郁证日久的患者中，邪郁而化为火热，邪热郁于胸膈，既能影响血分，亦能影响气分，故伴心烦不得眠，舌边瘀点等郁、瘀之征，方选血府逐瘀汤以加强和解胸中气血，荡涤郁结之邪，胸中气血既和,"解其陈腐郁热,宣其陈腐结之义",更以解郁除烦。杨粤峰长期从事中西医结合治疗老年心脑血管疾病及老年虚证的治疗,对心绞痛、心力衰竭、高血压、水肿、虚劳、顽固性咳嗽、失眠、糖尿病、中风后遗症等疾病治疗有丰富的临床经验。

杨霞

杨霞(1980—),女,中西医结合主任医师,成都医学院硕士生导师,成都体育学院硕士生导师。四川省第二中医医院心病科(心血管内科)主任,四川省中医药管理局学术技术带头人后备人选,第六批全国老中医药专家学术经验继承人,全国名老中医(陈学忠)传承工作室传承人。担任中华中医药学会心血管分会常委,中华中医药学会精准医学分会委员,中国老年保健协会脏器康复专委会委员,四川省老年医学学会中西医结合专委会常委,四川省中医药发展促进会心血管病专委会常委,四川省中西医结合学会心血管病专委会委员,四川省中医药学会心衰专委会委员,四川省中医药学会脑心同治专委会委员,四川省中医药学会心脑血管病专委会委员,四川省老年医学学会胸痹(冠心病)专委会委员,四川省中西医结合学会老年医学专委会委员。四川省中医心血管专业医疗质控中心质控专家。承担省局级科研项目二十余项,发表学术论文十余篇,参编论著4部。

杨霞在传承陈学忠学术精髓的过程中,深入探索"心肾相关"的理论,并特别强调从"肾虚血瘀"的视角对心血管疾病进行辨治。她在临床实践中明确指出,补肾与活血化瘀在治疗中同等重要。在继承陈学忠丰富经验的基础上,她巧妙地运用了补肾活血之法,将补肾与活血两大疗法有机融合,通过补肾以强化活血之力,同时活血也促进了补肾的效果,二者相辅相成,共同作用于改善肾虚血瘀的病理状态,进而达到调和机体阴阳、祛除病邪、恢复正气之目的。此外,她还广泛将参芪冠心汤应用于临床,取得了显著疗效。

在发扬陈学忠学术思想的过程中,杨霞尤为关注患者的精神及心理状况,并将之纳入心脏病防治体系的重要环节。她明确指出,冠心病伴焦虑抑郁是"双心疾病"中常见的类型之一,从"太少皆通于心"的思路,进一步阐述了少阳病枢机不利、三焦不通、营卫不和等病理机制,并指出这些机制可引发多种复杂病变。在治疗上,她主张以柴胡桂枝汤为主方,通过和解少阳、调和营卫的方法,同时根据病情需要,灵活加减温阳、健脾、化痰、散结、安神等治法,以全面提升"双心疾病"的治疗效果。

李明秀

李明秀(1981—),女,中西医结合主任医师,西南医科大学硕士生导师,四川省中医药管理局第五批学术和技术带头人后备人选,第六批全国老中医药专家陈学忠学术经验继承人,四川省第二中医医院老年病科医疗组组长,全国名老中医陈学忠传承工作室传承人。现任四川省老年医学学会中西医结合专业委员会常委、四川省中西医结合学会虚证与老年医学专委会委员、四川省中西医结合学会老年医学委员、四川省老年医学会脑病专委会委员、四川省中西医结合学会神经病学专委会委员、四川省老年医学会心血管专委会委员、四川省老年医学会络病专委会委员、四川省中医药学会老年医学专委会委员。多次参加国家自然科学基金、省科技厅支撑项目及成果转化项目等国家级、省局级、局级科研项目,并作为负责人先后多次独立承担四川省科技厅、四川省中医药管理局、四川省科技厅公益基金课题等20余项,发表学术论文20余篇。作为协作分中心负责人参与国家省部级重点实验室建设项目1项。

李明秀在继承陈学忠经验基础上,指出脉属"奇恒之腑",为气血之道,认为动脉粥样硬化性疾病属本虚标实,肾虚为本,血瘀为标。肾精不足,精不化血则诸脏腑四肢百骸失其濡养,从而出现三焦气化不利,气机升降失常,脏腑功能失调，血失流畅，脉络瘀滞。治疗上采用补肾化瘀通络法，予以健脑通脉汤改善肾虚血瘀状态，调整脏腑功能，通达血脉，调和气血，抑制动脉粥样硬化性疾病的发生发展。在另一研究中，李明秀基于补肾活血法应用健脑通脉胶囊联合针灸、康复训练的综合治疗方案可能对治疗早期血管性痴呆（肾虚血瘀型）具有较好疗效。

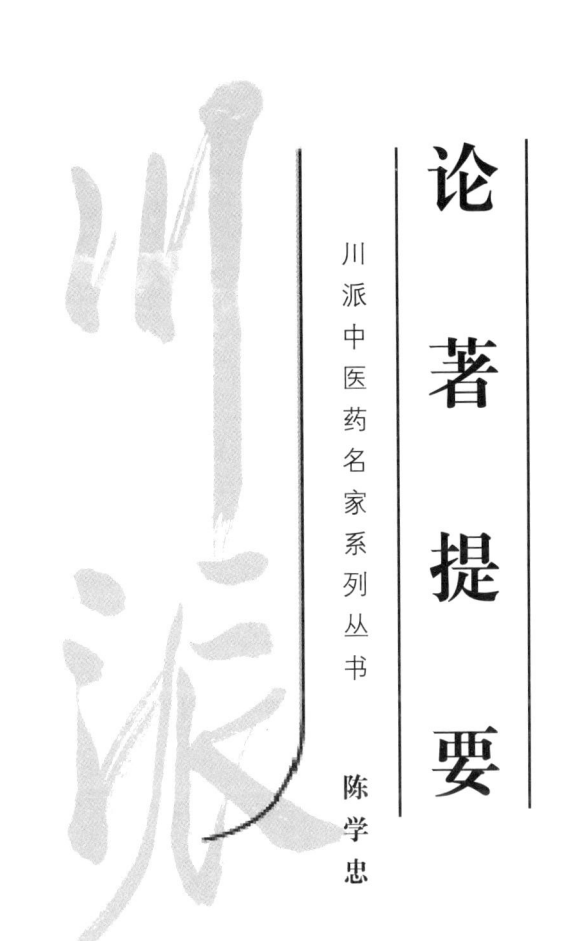

论著提要

川派中医药名家系列丛书

陈学忠

一、论　文

1. 活血化瘀法则在心脑血管及周围血管疾病中的研究进展及展望（《中医杂志》1984 年第 12 期）

本篇综述是陈老在同济医科大学就读研究生时所写，查阅引用文献 63 篇，把新中国成立以来中医学者们用活血化瘀法对心、脑血管及周围血管疾病疗效进行详细的总结，并对其作用机制进行了较广泛的研究。

（1）总结了当前的临床研究现状。

从常见心脑血管及周围血管病入手，涵盖急性闭塞性脑血管病、急性出血性脑血管病、短暂性脑缺血发作、血管性头痛、急慢性硬膜外（下）血肿及蛛网膜下腔出血、高血压病、冠心病、肺心病、心律失常、缩窄性心包炎、病毒性心肌炎、风心病、血栓闭塞性脉管炎、血栓性静脉炎、大动脉炎等十余个临床常见病种，体现了活血化瘀法在临床中的广泛应用。

（2）总结了药物作用机制的研究概况。

第一，对心脏血管的影响：活血化瘀的中药可以改善心肌缺血、改善血流动力学及增加冠脉流量，减慢心率。第二，对急性心肌梗塞的影响：活血化瘀的中药可以改善心脏微循环，增加吞噬细胞清除坏死心肌的能力，加速肉芽组织形成，从而促进创伤提早愈合。第三，对微循环障碍的影响：丹参有利于改善微循环的血流灌注，促进侧支循环的建立，对微循环障碍能显著增加血流速度，改善血流状态，解除红细胞聚集。第四，对血管的影响：将活血化瘀药对麻醉犬股动脉血流量的作用强度进行了分级，另外很多活血化瘀药有解除血管痉挛、扩张肢体血管和增加脑血管血流量的作用。第五，对血脂代谢的影响：可以防止喂饲高脂动物的血清胆固醇升高，并增加胆固醇的排出量，还可以不同程度降低血脂，阻止动脉粥样硬化的发生。第六，对血液流变学的影响：可以改善红细胞聚集性，降低血液黏滞度，保护红细胞膜，使红细胞变形能力加强，从而达到治疗冠心病及抗休克、改善微循环的目的。第七，对血凝、纤溶系统的影响：可降低血栓闭塞性脉管炎各期患者的纤维蛋白原含量，改善瘀血患者的血小板表面活性，降低血小板聚集性，有助于瘀血状态消除。

（3）从研究前景方面，指出了今后研究工作的方向。

首先要加强对单味药及复方的研究，扩大临床运用范围。其次要重视辨证分型研究，统一血瘀诊断标准。再次要重视气血与气血相互关系的研究。最后要充分利用新技术，提高研究的科学水平。研究中注重课题设计的科学性、可比性、重复性，建立更接近人体的、多病种的动物"血瘀"病理模型，促进基础与临床研究工作的开展，并提出加强各地区、各部门及其他学科之间的相互协作，把活血化瘀的研究提高到新的水平。

2. 急性撤酒综合征 1 例报道（《四川中医》1989 年第 6 期）

急性撤酒综合征是因戒酒时 β 肾上腺素能受体数目增多所致，当时还无用中药治疗的报道。该患者系 62 岁老年男性，素有每日饮酒习惯，2 月前开始戒酒，数日后发生左上胸部闷痛，每日下午 3—4 时发作，持续 30～60 分钟，可自然缓解，恢复饮酒后该现象消失。同时伴腰痛、耳鸣、睡眠欠佳，舌略胖，舌质淡红，苔白，脉弦细，查体及心电图均正常。按中医辨证实属心肾亏虚、心阳不振，心脉瘀阻证。处方中淫羊藿、黄芪、桂枝有补肾通阳益气的作用。根据《本草纲目》记载：淫羊藿强心力，补腰膝。太子参、麦冬、五味子益心气养心阴，能改善心功能；川芎、当归、赤芍、红花、丹参、延胡具有活血化瘀、通瘀阻脉络的功效。经上方治疗使患者顺利戒酒，胸痛控制，腰痛、耳鸣等症状也得到改善，陈老抓住肾虚血瘀的主证，从补肾化瘀角度论治而显效，是对中医学"辨证论治"的最佳诠释。

3. 益肾化瘀方治疗冠心病心绞痛的临床观察(《四川中医》1991 年第 10 期)

益肾化瘀方是陈老临床中治疗老年心脑血管疾病的常用方，陈老在临床中观察到，老年心脑血管疾病患者普遍存在"肾虚挟瘀"，故提出从肾虚挟瘀角度去探讨老年心脑血管疾病的防治措施，并自拟了"益肾化瘀方"（由淫羊藿、桂枝、黄芪、太子参、麦冬、五味子、丹参、赤芍、川芎、红花、当归 11 味中药组成），对 65 例老年冠心病心绞痛患者进行了临床治疗观察，发现从心绞痛疗效及心电图疗效两方面均较对照组有明显改善。并从 1 例病例入手，从患者治疗过程中对益肾化瘀方进行加减治疗，患者共服药 20 剂，胸痛发作程度明显减轻及持续时间明显缩短，心累、气短更减，睡眠好转，食欲增加，复查心电图大致恢复正常，取得了较明显的效果。陈老提出的对老年病患者"肾虚血瘀"病因病机的认识，为后期其肾虚血瘀理论的形成，奠定了临床基础。益肾化瘀方也是参芪冠心片（已成为四川省第二中医医院院内制剂）的雏形。从老年病患者多肾虚血瘀证的角度，"益肾化瘀法"治疗更符合整体观念和辨证施治的法则，更符合老年患者的病理生理特点，故而有助于提高临床疗效。

4. 中医虚证与红细胞免疫功能的初步探讨（《四川中医》1992年第9期）

自1981年Seigel提出"红细胞不仅具有呼吸功能，而且还有免疫功能"的观点以来，国内外许多学者对红细胞的免疫功能作了许多研究，认为红细胞的免疫功能亦是免疫系统的组成部分，具有识别、传递抗原，清除免疫复合物，增加吞噬细胞和T细胞的功能，效应细胞及防御感染等作用。红细胞在血液中数量最多、分布广泛、代谢快、周流不息，其清除循环免疫复合物的作用比白细胞大500~1 000倍，是机体维持代谢、能量交换、酸碱平衡的重要物质。中医也逐渐重视对红细胞免疫功能的研究。红细胞来源于骨髓造血干细胞，与骨髓的造血功能有关。根据中医理论，脾胃为气血生化之源，肾主骨生髓。一旦脾胃虚弱，气血生化无源，或肾精亏损，无以充骨生髓，化血资血，必然影响到红细胞的生成和功能。因此，可以认为脾胃的亏虚，肾精气的亏损，并由此而导致的其他脏器的虚损均可能影响红细胞的生成和功能。

陈老认为红细胞的免疫功能与中医的抗病能力——"正气"有关，为了观察红细胞免疫与中医虚证之间的关系，测定了81例住院患者的红细胞C_3b受体花环（RBC-ZC_3）和红细胞免疫复合物花环（RBC-IC），并与正常人组对照，结果显示虚证RBC-ZC_3与正常人组明显降低，虚证RBC-IC与正常人组明显升高，提示虚证组与正常人组红细胞免疫黏附活性有高度显著性差异，RBC-ZC_3受体花环率能直接反映红细胞的免疫黏附活性的强弱，而RBC-IC花环率则反映红细胞已黏附免疫复合物量的多少，间接反映其免疫黏附活性。而免疫黏附的实质系指机体对各种致病菌、衰老细胞和突变成分所形成的免疫复合物的清除，这与中医的抗病能力——"正气"有关。陈老认为中医的"正气"是一个综合的概念，包括精、气、血、各脏腑等的综合抗病能力，因此，在中医理论指导下，探索红细胞免疫与中医虚证的关系，不仅应着眼于肾，还应注意与其他脏腑、气血的关系。

5. 论肾虚血瘀与衰老（《辽宁中医杂志》1993年第8期）

《论肾虚血瘀与衰老》是陈老关于肾虚血瘀与衰老的论述，提出肾虚血瘀致衰老理论的基础，陈老在临床中发现，无论健康或体弱多病的老人均存在"肾虚"症征，其中大多数同时兼有"血瘀"症征，尤以患病者为甚。因此认为肾虚血瘀也是衰老的一个重要原因，而补肾化瘀则是延缓衰老的重要治则之一。肾虚血瘀致衰和补肾化瘀延缓衰老法则的提出，是对中医衰老理论的深入，扶正祛邪法则的具体运用，对中老年人延缓衰老祛病延年将有广泛的前景。

（1）详细阐述了肾虚与血瘀的关系，并提出了生理性肾虚及病理性肾虚。

中医认为：肾为先天之本，内寓元阴元阳，藏先天之精及五脏六腑之精华，肾精乃生命之基本物质。化阳生气生阳，行温养与气化之功，为脏腑气化之源，诸阳之根。化阴生阴血、精髓、津液以滋润养营形体与脏腑，为诸阴之本。正常情况下，肾中阴阳相配，体用结合，阴精充沛，温煦有源，促使了气血的旺盛流畅，气化的升降如常。但随着人生、长、壮、老必然消耗精气，出现人体自衰即"生理性肾虚"。后天诸因如六淫、七情、饮食、劳倦、时行疫毒等可直接损及肾或通过它脏累及肾，从而导致肾精亏损。正如古人云"五脏之伤，穷必及肾"。因此老年必然存在肾精的虚衰，只是程度不同而已。

血液行濡养之功，循于脉中，流布周身以和为贵，以通为用。与心主血，肝藏血，脾统血，肺布血的正常与否有关。而肾阳的温煦，肾阴的化生又是各脏腑经络生理功能、血液化生、循行、津液输布的重要保证。肾精不足可致化气无源，无力温煦、激发、推动脏气；精不化血或阴血不充可致阴亏血少，诸脏腑、四肢百骸失其濡养。从而出现三焦气化不利，气机升降出入失常，血失流畅，脉道涩滞乃至血瘀。正如王清任在《医林改错》中指出："人行生转动，全仗元气，若元气足则有力，元气衰则无力，元气绝则死矣。"元气者，肾气也，乃肾精所化，一旦"元气既虚，必不能达于血管，血管无气，必停留而瘀。"因此肾虚常常兼有血瘀。血瘀又进一步影响气血运行、津液输布和五脏调和，加重了各脏腑的功能失调。肾藏先天之精，需不断得到后天之精的补充。脏腑功能受损，化源不足，先天失去后天滋养，故肾精日益虚损。如此肾虚导致血瘀，血瘀加重肾虚，形成恶势循环，加速脏腑组织器官衰老。

（2）从肾虚血瘀的临床表现及肾虚血瘀的实验依据阐述肾虚血瘀是衰老的重要原因

肾虚血淤的临床症征：中年以后渐出现头晕，健忘耳鸣，易疲乏，腰胫酸软，发脱齿摇，性欲减退，夜尿，尿余沥难尽，脉细无力等肾虚症征。以及明显的瘀血症征如色素沉着，皮肤粗糙，老年斑，巩膜混浊，舌质瘀暗或瘀点，舌下脉络粗长扭曲，脉涩、结代，并随增龄，虚瘀加剧，发展到一定程度，就会引起多种老年病。对中老年脏腑辨证观察到肾虚占80.4%，虚及血瘀发生率与增龄呈显著正相关，体质属瘀滞质比例与年龄递增呈极显著正相关，提示随着增龄瘀滞质或兼瘀质者日增。

肾虚血瘀的实验依据：随着老年肾虚症状的加重，神经内分泌、免疫、合成代谢等均发生一系列紊乱，抗氧化的超氧化物歧化酶（SOD）含量及活力显著降低，自由基代谢物过氧化脂质（LPO）含量高于正常人，而夹血瘀者SOD活性更低。红细胞电泳、血沉加快、血细胞聚集，红细胞变形能力下降，全血及血浆黏度明显增高，导致血流缓慢，血液瘀滞，出现"脉不通，血不流"的瘀血病理改变。血液流变异常和青紫舌程度与增龄呈明显相关性。健康老人都有不同程度的微循环障碍。研究表明随增龄毛细血管基底膜增厚，孔径缩小，毛细血管代谢率下降，一些代谢废物如脂褐素等不能排出而沉积于脏器内，脏器组织中瘀血引起神经内分泌、免疫、合成代谢障碍，脏器功能减退和紊乱而出现衰老征象。

可见老年人不但存在肾虚而且与血瘀并存，肾虚与血瘀互为因果，形成恶性循环，这是衰老的主要病理基础及多种老年病的重要原因。

（3）根据肾虚血瘀致衰老的理论提出了补肾化瘀是延缓衰老的重要治则。

自内经以来抗老延衰重视肾，研究揭示补肾能改善老年的神经内分泌及免疫功能，具有确切延缓衰老的作用。但如前述，老年肾虚血瘀并存，血瘀不除，脏腑经络精气流注不畅。仅以补为主就会出现"愈补愈滞"的现象，犯"关门辑盗"之戒。古人重视气血流畅与寿夭的关系。《素问·至真要大论》曰："气血正平，长有天命。"《素问·调经论》："血气不和，百病乃变化而生。"

古人养生常用活血化瘀的大黄作为保健强身方的主药或泡饮代茶以祛病延年。在补肾同时，用调畅气血，活血化瘀之法，使周身之气通而不滞，血活而不瘀，有助延缓衰老。

陈老自拟补肾化瘀方治疗老年冠心病，改善率均优于单用活血化瘀法或益气化瘀法，同时耳鸣、腰胫酸软、夜尿频或尿余沥难尽等肾虚症征改善。有人用补肾化瘀治疗老年脑血管等病取得较好疗效，可见补肾化瘀确是祛病延年的一个重要治则。

6. 肾虚血瘀与老年心脑血管疾病（《天津中医学院学报》1993年第4期）

本篇文章论述了肾虚血瘀理论与老年心脑血管疾病的关系，并记录了当下老年心脑血管病肾虚血瘀的实验依据，从而为补肾化瘀防治老年心脑血管疾病的这一重要治则奠定了理论依据及实验室科学依据。

（1）详细阐述了肾虚血瘀与各种常见老年心脑血管病的关系。

常见多发的老年心脑血管病如老年性冠心病、脑动脉硬化、高血压病、脑血管意外、肺心病、老年性心衰等分别属于中医的心悸、胸痹、真心痛、厥心痛、眩晕、头痛、耳聋、中风、四肢痿痹不仁、肺胀喘咳、水肿等病候。中医辨证除了它特征性的原发病症以外，发现每种病都共同存在不同程度的肾虚血瘀症征。现代医学分析每种病病机不一，然而以中医整体观念为依据，进行脏腑辨证发现尽管其病位在各脏腑，但究其本仍在肾，均与肾虚血瘀有关。如前所述"生理性肾虚血瘀"的发生不可避免，并随着增龄虚瘀不断加剧，发展到一定程度，会出现化生气血减弱，无力鼓动一身阳气，导致气血失其流畅，三焦气化不利，脏腑功能失调而引起多种老年心脑血管病，即"血气不和，百病乃变化而生"。

肾虚血瘀与冠心病：肾与心之间，阳气互通互养，精血互生互化，心肾互济，故能温养脏腑，运行营血。如肾精亏损，从阳可致心气亏虚或心阳虚衰，致营血失宣，气难行血，血脉壅滞，久郁成瘀，积聚脉道，阻遏心脉致成阳虚型心痹证。从阴可致心脏阴血虚损，营血不充，心体失养，心脉空虚，营血不利，心脉失荣，久致心脉营血郁滞成瘀致成阴虚型心痹证。临床除具所属证型虚损病候外，皆可兼有心胸憋闷、心前区阵发性刺痛、面色晦暗、唇舌青紫，舌见瘀晦或瘀斑。瘀阻较甚而病重者可致气机闭阻，心胸阵发性绞痛，气息喘急，爪甲青紫，大汗淋漓，四肢不温等重危证。

肾虚血瘀与脑动脉硬化：肾能生髓，髓通于脑，年老肾亏，精髓渐空，脑海失充；肾阳虚衰，脾失温煦，痰湿不化，痰脂内聚，阻滞血道，血行不畅，渐积成瘀。脂瘀阻着，脑络不畅，清窍蒙遏，而逐渐出现眩晕耳鸣，健忘，手足麻木乃至短暂偏瘫，半身麻木，口眼歪斜甚则痴呆状态。

肾虚血瘀与高血压病、脑血管意外：肾精虚损，肾水难生，水不涵木，肝失濡养，虚风内动，久则虚火灼伤阴津致血脉干涩，滞行不畅，进而郁久成瘀；或虚风内动，挟痰浊上扰，阻塞脉络致中风诸症。

肾虚血瘀与老年心衰：老年心衰、肾气多衰，其病位虽在心，其本实在肾。每因下元亏损，病及于心，心气衰弱，心阳不振。心主血脉，无力推动血液运行，延及它脏致生水饮、瘀血。而出现心悸气喘，面色晦暗，口唇瘀紫，胸闷痛，肋下癥块，下肢水肿，脉涩或结代等血瘀症征。临床所见多以肾虚血瘀型为主，证实老年人心衰的病理基础与肾虚血瘀相关。

综上所述，可见肾虚血瘀是老年心脑血管疾病的基本病理矛盾，肾虚导致血瘀，血瘀加重肾虚，促使了疾病的发生发展。

（2）老年心脑血管病肾虚血瘀的实验依据。

现代医学研究为老年病肾虚血瘀的认识提供了实验依据。有报道：204例老年及老年前期冠心病人中，肾虚血瘀证者145例，占71.1%。研究发现老年肾虚患者存在神经内分泌、免疫、氧自由基代谢的紊乱，邝氏注意到：老年冠心病，病态窦房结综合征，糖尿病和高血压病等多表现为肾虚，其E_2和E_2/T比值都高于同龄正常人，肾虚男性睾酮水平低下而致TG和极低密度脂蛋白升高，高密度脂蛋白值降低；增加了动脉粥样硬化、冠心病的发病率。较多资料提示：血瘀为老年病标实证之主要表现，健康老人也有轻度血瘀症征，陈氏等观察到正常人中青紫舌的出现率随年龄增长而递增，认为青紫舌是老人血瘀的一个重要症征，可能与血管老化，产生粥样硬化斑块，使管腔狭窄，血流不畅等因素有关。西苑医院等分别观察到老年人甲皱微循环有轻度瘀血改变。比较肾虚组与非肾虚组管袢畸形及血流速度差异明显，老年心血管病微循环异常比健康老人显著。电镜观察到老人血小板树突型和聚集堆明显增多，冠心病者尤甚。老人全血比黏度、全血还原黏度、血沉明显增高，红细胞变形能力下降，健康老人血液黏稠度增高者达54.7%。以上研究表明老年心脑血管疾病患者的血液存在浓、黏、凝、聚而致血流缓慢，血液瘀滞，血管硬化，管腔狭窄，出现"脉不通，血不流"的瘀血改变。

（3）提出补肾化瘀是防治老年心脑血管疾病的重要治则。

陈老以肾虚血瘀理论为指导，自拟补肾、益气、化瘀药物为主的方剂治疗冠心病65例疗效满意，心绞痛总有效率92%，心肌缺血总有效率73%，同时患者的肾虚症征如耳鸣、腰痛、夜尿等得到不同程度改善。根据老年多肾虚，老年心脑血管病多兼血瘀这一特征，以中医整体观念为指导，补肾化瘀为主要治则进行防治，可望通过改善老年肾虚状态，调整脏腑功能，舒达血脉，调和气血，提高活血化瘀药物的疗效。这对进一步降低老年心脑血管疾病的发病率，减少死亡率，提高老年人健康水平有重要意义。

7. 急性缺血性中风的中医、中西医结合治疗近况及展望（《天津中医》1993 年第 4 期）

这是一篇关于当时国内中医、中西医结合治疗急性缺血性中风的综述，文章从辨证论治、中西医结合治疗、复方及制剂、针灸等疗法、辨证分型与CT关系等方面就当时的研究进行了总结，参考文献44篇，并指出了急性缺血性中风的防治中目前存在的问题及未来研究的建议。

（1）问题。

其一，急性缺血性中风包括短暂性脑缺血发作（TIA）、脑血栓和脑栓塞。由于各自病理基础不同，发病特点、转归、预后也不同。TIA是指局灶性神经功能缺损的发作继发于血供不足，起病突然，24小时完全缓解。有些文章将与后二者用相同的标准来判断某药、方的疗效肯定会影响结果的可信性。其二，目前认为，急性缺血性中风分成三个临床亚型。重型15%，已形成大片梗死灶，管腔不能再通，难以用于考核某项特异治疗的效果。轻型35%，病灶小，早期即开始好转，即使不"治疗"也可顺利恢复。而真正能反映"特殊治疗"效果的50%的中型病人，梗塞灶已形成还有个"半暗带"命运未定，处于演变中。但这类病例的缺血灶稳定后，病灶周围水肿、损伤都会得到一定程度恢复，经常被误认为是治疗有效。因此要设置严格的对照组，否则不易估量某项治疗的疗效。其三，一些临床资料将处于不同病变阶段的患者给同样的治疗，并一起评价疗效，这也影响其可信性。其四，一般将中经络归入缺血性中风，中脏腑归入出血性中风。但CT检查中脏腑中大约8.55%为脑血栓，因此中医辨证与 CT 相结合，以免遗漏部分较重病例，有利于正确估价疗效。其五，一些临床报道缺乏随机对照或即使有对照但组间缺乏可比性，不少文章未能按全国统一的中风辨证分型和疗效判断标准规范疗效观察，这都影响疗效可比性及可信性。

（2）建议。

其一，诊断上要详询病史，辨明病因，尽可能结合 CT 结果，根据病变程度分成若干亚型，并分期观察统计疗效。其二，治疗上提倡辨病和辨证、全程治疗和分期治疗相结合。急性期中西医结合治疗为主，辅以针灸等综合治疗以迅速提高疗效，缩短病程，减少死亡率和致残率，但也不排除对有效单验方、复方治疗的摸索。对中风的分型和疗效判定应按全国统一标准进行，以便进一步提高疗效评价的客观性。其三，临床观察应设计严格，随机对照。组织周密保证组间的可比性，观察指标明确，有可能组织多地区、多中心的协作，以保证有足够的病程数。其四，组织对有效方药进行验证，充分利用现代技术，根据缺血性中风病情急、危重、变化快的临床特点，研制新剂型以达到能迅速提高疗效又经济方便的目的。

8. 论老年肾虚与血瘀（《四川中医》1994 年第 4 期）

陈老以临床实践为基础，中医理论为根据，结合现代研究进展提出关于肾虚血瘀的生理病理，及老年常见疾病的病理基础的看法，为补肾化瘀防治老年病提供了理论基础。

（1）提出肾虚与血瘀的相关性。

陈老认为血液行濡养之功，循于脉中，流布周身以和为贵，以通为用。与心主血，肝藏血、脾统血、肺布血的正常与否有关。而肾阳的温煦，肾阴的化生又是各脏腑经络生理功能，血液化生、循行、津液输布的重要保证。肾精不足可致精化气无源、无力温煦、激发、推动脏气；精不化血或阴血不充可致阴亏血行，诸脏腑四肢百骸失其濡养。从而出现三焦气化不利，气机升降出入失常，脏腑功能失调，血失流畅，脉道涩滞乃至血瘀。因此肾虚常伴有血瘀，血瘀又进一步影响气血运行，津液输布和五脏调和，加重了各脏腑功能失调。肾所藏之精，包括先天之精与后天之精。先天之精是生命的基础，禀受于父母与生俱来。后天之精是维持人体生命活动，促进机体生长发育的物质基础，来源于水谷精微，是由脾胃化生的充裕的五脏六腑之精，归肾以藏之。二者相互资助，相辅相成，在肾中密切结合而为肾精。当脏腑功能受损，化源不足，先天失去后天的培补滋养，致肾精日益虚损。如此肾虚导致血瘀，血瘀加重肾虚，形成恶性循环，加速脏腑组织器官的衰老。

（2）提出"生理性血瘀""生理性肾虚血瘀""隐潜性肾虚血瘀证"相关概念。

陈老认为"健康老人"随着增龄出现的血瘀症征，可视之为"生理性血瘀"，出现的肾虚血瘀症征，可视为"生理性肾虚血瘀"。这是人生、长、壮、老过程中不可避免，必然出现的生理性衰退变化。"生理性肾虚血瘀"是一个渐进过程，在发生发展的早期阶段，若按中医传统宏观辨证方法可能"无症可辨"或证候不太明显。而实验室微观检测却发现神经内分泌、免疫、氧自由基代谢等方面的异常改变，并同时出现血液流变学、微循环异常，对于这种情况可诊断为"隐潜性肾虚血瘀证"。

（3）提出"老年性肾虚血瘀综合征"。

随着步入老年，一些常见的多发的老年病如高脂血症、老年性冠心病、脑动脉硬化、高血压病、脑血管意外、老年痴呆等逐渐发生，严重危害着老年人的身体健康，也是最常见加速衰老和导致死亡的原因。根据中医辨证除了它特征性的原发病症以外，几乎每种病都共同存在不同程度的肾虚血瘀症征。现代医学分析各种病发病机理不一，然而以中医整体观念为依据，进行脏腑辨证，发现尽管其病位在各脏腑，但究其本，其根仍在肾，均与肾虚血瘀有关。对各种老年病出现的具有共同特征的肾虚血瘀证，陈老把它称之为"老年性肾虚血瘀综合征"。它反映了不同类型的老年病在其发生发展过程中具有共性的生理病理变化规律，表明肾虚血瘀是多种老年病的主要病理矛盾。

总之，老年人不但存在肾虚而且与血瘀并存，肾虚与血瘀互为因果，形成恶势循环。这是衰老的主要病理基础，也是产生多种老年病的重要原因。这些新概念的提出，对于中医衰老理论的深化，并运用补肾化瘀法则抗老延衰以及老年病的早期预防和治疗将具有重要的理论和实践意义。

9. 内关穴治疗冠心病的研究（《针灸临床杂志》1994年第10卷第1期）

本篇论文是关于内关穴治疗冠心病的综述。把当时有关内关穴治疗冠心病的临床及实验研究进行了总结概括。

（1）指出了中医学中有关内关穴治疗冠心病的理论基础。

冠心病属于中医"胸痹""厥心痛""真心痛"的范畴。早在两千年前对该病的发病特征、症状、体征、预后转归以及治疗就有较具体的描述。《素问·藏器法时论》："心病者，胸中痛，胁支满，胸下痛，膺背肩甲间痛，两臂内痛。"这类似冠心病心绞痛发作时的临床表现。又如《灵枢·厥病》云："真心痛，手足青至节，心痛甚，旦发夕死，夕发旦死。"这与冠心病急性心肌梗塞的症状极其相似。《灵枢·邪客》认为："……心者，五脏六腑之大主也。精神之所舍也，其脏坚固，邪弗能容也……故诸邪之在于心者，皆在于心之包络，包络者，心主之脉也。"《灵枢·经脉》："心主手厥阴心包络之脉，起于胸中，出属心包络。"说明心包经与心脏密切相关，故在治疗上明确提出："手心主之别，名曰内关，去腕二寸，出于两筋之间，循经以上，系于心包络。心系实则心痛，……取之两筋间也。"《甲乙经》也指出："实则心暴痛，虚则烦心，心惕惕不能动，失智，内关主之。"可见古人治疗冠心痛多按经络取穴并首推内关。

（2）从各个角度论述内关穴治疗冠心病的临床研究，肯定了内关穴治疗冠心病的作用。

针刺内关穴可以改善心室功能特别是收缩功能，针刺单侧即可，无需针刺双侧内关，并强调"气至病所"，激发针感，沿经上传，才能奏效。另外采用辨证选穴，分清虚实，采用或补或泻，或先补后泻，或先泻后补，或平补平泻达到调整阴阳，扶正祛邪，疏通经络，调和气血的目的。

（3）总结了各地学者内关穴治疗冠心病的实验研究

针刺内关可以促进心肌缺血损伤的恢复，改善实验性心肌缺血性损伤的血液动力学异常，调整缺血区心肌氧的供求失衡关系，有利于缺血区濒危心肌的恢复，从而缩小心肌坏死区。艾灸内关则可以减少心肌摄取游离脂肪酸（FFA）对心肌的一系列毒害作用，其抗心肌缺血的作用机理部分同改善心肌脂肪代谢紊乱有关。同时针刺内关可以改善心律失常，电针刺内关可提高家兔右室室颤阈值，表明电针有一定的抗室颤的作用，针刺能抑制急性心肌缺血早期单相动作电位的变化，故在改善缺血心肌电稳定性，减少心律失常发生等方面有一定作用。内关刺血能有效地加快实验家兔因心肌缺血所致的缓慢心率，具有促进心率恢复正常的良性调整作用，且与针刺的作用趋势基本一致。内关刺血也确能显著加快实验家兔因心肌缺血所致的 ST-T 改变恢复正常，说明刺血能明显地改善心肌缺血。在穴位相对特异性的实验研究方面，针刺家兔内关能促使由于心肌缺血所致的心率缓慢，心电图异常较快恢复优于足三里。以电刺激犬内关可见冠状窦流出量明显增多，而刺激足三里则无此作用。

总之，针刺内关穴治疗冠心病及实验性心肌缺血都有肯定的疗效，临床研究证实通过针刺内关可改善冠心病患者心功能，增加心搏出量，改善微循环障碍，调整 CAMP 与 CGMP 的关系，增加心肌供氧，减少耗氧而使心绞痛缓解，心电图好转，临床症状改善。实验也观察到针刺内关可使急性心肌缺血性损伤的程度减轻，范围缩小，并加速其恢复过程。其机理可能是由于针刺能增加冠脉流量，降低冠脉阻力及心肌耗氧量，增加缺血区心肌的收缩力，纠正血流动力学紊乱，从而改善射血功能。总之，单取内关穴治疗冠心病疗效确切，其方法比取多个穴位治疗，更简便易行，易被患者接收，且无副作用，用费少，值得推广。

10. 疰夏治验（《四川中医》1996 年第 9 期）

疰夏又被叫做苦夏，是夏季的常见病，指因暑湿之气外侵，困阻脾胃，或暑热耗伤正气，脾失健运所致。以夏季倦怠嗜卧、低热、纳差为主要表现的时行热性病，一般夏季过后，病情可自行改善，部分患者可呈现出逢暑必发的周期性特点。疰夏亦为中暑的先兆，若进一步发展可致中暑。患者孙某某，每逢夏天发低烧，持续 14 年未愈，每日上午体温正常，傍晚逐渐升至 38 ℃ 左右，在省市多家医院求治，诊断不明，低烧一直延续至秋天（9 月）不药而愈。除低烧外并伴有头昏、胸闷、咳嗽、咯痰、身倦乏力、食欲减退等症状。初诊（5 月）患者肢体消瘦，面容憔悴，舌质淡红，苔厚腻，脉濡。陈老考虑该患者久病体虚，湿热之邪蕴结不解，治以益气醒脾，芳香化浊，渗泄湿热。疰夏是暑湿之气困阻脾胃，脾失健运，芳香化湿药辛温香燥，能疏畅气机，宣化湿浊，健脾醒胃，用之切中病机。代表药如藿香、佩兰、砂仁、白豆蔻等。苦温燥湿法多用在暑热消除，寒湿滞留，故非温化不能去其湿，以草豆蔻、干姜为对药，随症加减。淡渗利湿药能通利水道、渗泄水湿，服后能使尿量增多，小便通畅，将体内蓄积的水湿从小便排泄，常用药有茯苓、泽泻、薏苡仁、车前子、滑石、金钱草等。金元时期刘河间在《素问病机气宜保命集·病机论》中说："治湿之法，不利小便，非其治也。"其创制的天水散（六一散）启迪后世治疗湿温。由于该病内因为脾虚，如薛生白谓："此皆先有内伤，再感客邪。"因此经治疗好转后，巩固时加用健脾之药，以培其本。陈老用一痊夏典型案例完美诠释了这一西医难治病中医治疗的优势，及辩证论治、随证加减的中医特色。

11. 多叶咽宁口含液治疗急性咽炎70例（《四川中医》1998年第2期）

急性咽炎是临床常见病，多因受凉，过度疲劳，烟酒过度，及各种物理化学刺激所致，发病率极高，临床上多以抗炎药物治疗，但常常由于未及时诊治和给予适当药物，致反复发作，发展成慢性咽炎。因此应重视对急性咽炎的治疗，并运用有效、方便的药物。按中医辨证，急性咽炎多为风热喉痹，治宜清热解毒，疏风祛瘀。

多叶咽宁口含液是根据民间验方蜜茶合剂为基础药，口含液中的主要成分茶叶、大青叶、桑叶、薄荷均具清热解毒之功效，特别是茶叶的解毒、消肿、祛瘀的综合作用，配以桑叶、大青叶、薄荷，使该方具药简力宏、直达病所之效，蜂蜜具补中、润燥、止痛、解毒之效，配于主药后，强化其解毒作用。陈老运用多叶咽宁口含液治疗急性咽炎70例，并设对照组70例，临床观察结果表明，多叶咽宁口含液治疗急性咽炎有确切疗效，总有效率达95.7%，与对照组比较，有高度显著性差异，且运用方便，口感适宜，副反应小。故多叶咽宁口含液是临床上治疗急性咽炎的一种新的有效药物。

12. 血府逐瘀汤异病同治临床验案（《湖北中医杂志》2000年第6期）及血府逐瘀汤的临床运用（《四川中医》1999年第12期）

血府逐瘀汤，出自清代王清任的《医林改错》，由桃仁、红花、生地、赤芍、川芎、牛膝、桔梗、柴胡、枳壳、甘草组成，为理血剂，具有活血化瘀，行气止痛之功效。主治胸中血瘀证，症见胸痛，头痛，日久不愈，痛如针刺而有定处，或呃逆日久不止，或饮水即呛，干呕，或内热瞀闷，或心悸怔忡，失眠多梦，急躁易怒，入暮潮热，唇暗或两目暗黑，舌质暗红，或舌有瘀斑、瘀点，脉涩或弦紧。

陈老从医30余年，在中医辨证基础上，结合现代研究及多年临床总结，以活血祛瘀的血府逐瘀汤治疗各种疑难杂病，包括天亮出汗、皮肤瘙痒症、脱发、多发性抽动秽语症、失眠、胁痛、灯笼病、性欲亢奋、郁证等。上述病症，病名各异，而病机均为血瘀阻络，故治法大同小异，均以血府逐瘀汤主之。

陈老认为首先判断有无血瘀证：① 症状：痛如针刺，痛有定处，局部青紫肿块，出血紫暗夹有血块，妇女经闭或有血块；② 体征：面色焦黑，肌肤甲错，口唇爪甲紫暗，舌质暗紫，或见瘀斑瘀点，舌底络脉迂曲延长增粗，脉象细涩等；③ 实验室检查：彩超有动脉粥样硬化斑块、全血黏度增高、血流动力学障碍、纤维蛋白原增高等。其次辨明血瘀原因及兼证，区别因气滞、气虚、寒凝、热扰因素致瘀及挟风、挟痰之不同，分别给予行气活血、补益活血、祛寒活血、清热活血及祛风活血、化痰活血之法治疗。再者在活血同时注重恢复机体气血阴阳平衡。不以"活血化瘀"而以气血"平和"为要。同时结合"久病多有瘀，怪病多有瘀"的观点，对一些久治不愈的难病或怪病，有瘀血之象者可随证加减，往往可收到意外之功。

13. 顽固性三叉神经痛治疗体会（《四川中医》2001年第12期）

顽固性三叉神经痛是临床难症，发病时间长，为久痛多虚多瘀，本虚标实，病责之于肝在筋。陈老重治肝治筋治风，施之养血活血柔肝祛风、解痉通络定痛之大法治本病，加上后期培补肝肾，故络通筋濡、本得以固而痛除病安。

陈老自拟三叉神经痛愈方治疗顽固性三叉神经痛，重治肝治筋治风，每取佳效。三叉神经痛愈方组成：鸡血藤、露蜂房各40 g，丹参、牡蛎各30 g，白芍、刺蒺藜、木瓜各18 g，川芎、生地黄、炙甘草、地龙各15 g，当归、僵蚕各12 g，细辛、白附子各5 g。随证加减：偏寒盛加细辛至8 g，麻黄6 g；偏热盛加黄芩、钩藤各15 g，生石膏30 g；痰血瘀阻者加桃仁、红花各10 g，法半夏15 g，胆南星6 g；肝肾亏虚者加女贞子、墨旱莲、淮山药、山萸肉各15 g；阴虚内热者加龟板、鳖甲各20 g；气阴虚加明沙参30 g，麦冬20 g。治风：露蜂房、白附子、川芎、刺蒺藜祛头面之外风，又为止痛要药；白附子兼化风痰、川芎兼行气活血载药上行直达病所；僵蚕、地龙均为祛风专药，善搜剔经络之风兼以化痰、解痉；牡蛎介类平肝潜阳熄内在之风力专，符合

"动用静药"之规律。治筋：白芍、甘草、木瓜酸甘之品柔肝缓筋止痛，木瓜兼除湿。盖《内经》言："肝苦急，急食甘缓之。""食五味，各走其喜，其味酸，先入肝。"僵蚕、地龙虫类为祛风解痉通络之专药；鸡血藤行血补血舒筋通络。治肝：川芎、当归、丹参、生地黄等养血活血行气调肝养肝；生地黄、白芍、炙甘草、木瓜酸甘化阴柔肝；牡蛎平肝镇肝。诸药配伍，治肝治筋治风，兼治痰、瘀、湿，动静配合，气血兼顾，络通、窍清故痛除，临证随证灵活化裁　触药痛除。

本论文中有两个病案，例一患者年高八十有余，肾气自衰，加之久服祛风豁痰化瘀之剂更伤正气，致使肾水不涵肝木，肝木发陈于春，风动于上而春发秋止面部剧痛，故陈老施之滋肾养肝之剂顾其本，杜绝发病之源，又祛内外之风化瘀定痛治标，标本兼顾，故痛除病安。例二患者素体痰多，痰阻血瘀，痰瘀互结为患，胶结难去。陈老立足痰瘀同治兼以养血柔肝缓筋，使痰消瘀化而不伤筋伐肝；后期又补肝肾固本则筋脉得以通利柔和濡养而病自安。

14. 头痛异治体会（《四川中医》2001 年第 2 期）

本篇论文是陈老辨证治疗头痛的心得体会，文中总结了两个病案，均属病程长，久治不愈者，但一实一虚，病性有别，病机迥异，治法亦因此不同。前一例病人自诉平常性情急躁，头痛因情绪波动而加重，故可抓住此病因进行辨证。平素性急躁，致周身气机运行不畅，气不帅血，血行障碍阻于脉络而见头痛。情绪变化时可加重气滞血瘀程度，因而疼痛随情志改变而加重。脉弦为气滞之象，为支持此病因分析的有力证据。据病机制定相应治法，投用血府逐瘀汤加味而愈。后一患者就诊时诉舌尖疼痛，见其满面潮红，头顶生疮，前医谓之肝火上炎，瘀血阻滞，投以龙胆泻肝汤、血府逐瘀汤无效。但其舌质红，苔少，脉细数，此当属虚热之证。脑为髓海，其主在肾，肾虚髓海失养，不荣则痛，故头痛。肾虚不能养肝，肝肾阴虚，阴不制阳，虚阳化火上冲则见满面潮红，头顶生疮，心烦失眠，舌尖痛。据病机制定滋养肝肾，引火归元之法，方投知柏地黄汤、交泰丸取效。据辨证灵活性，本病亦可用逆向思维法分析出肝肾阴虚的病机，结合舌脉则可确立正确的治法。

15. 失喑治验（《四川中医》2002年第9期）

中医认为，失喑是以声音嘶哑，甚至完全不能发出声音为主要临床表现的病症，临床有暴喑和久喑之别。新病多因外感风寒燥热之邪，或痰热内蕴而发病；久病则多属肺肾阴虚。此病相当于西医的急慢性喉炎、声带病变、癔病性失音、喉头结核等疾病。早在《灵枢》就指出："喉咙者，气之所以上下者也。会厌者，音声之户也，唇者，音声之扇也，舌者，音声之机也。悬雍垂者，音声之关也。"宋代《仁斋直指》指出："肺为声音之门，肾为声音之根。"清代叶天士《临证指南医案》谓"金实则无声，金破碎亦无声"，形象地说明了失喑有虚实之别。

本篇论文陈老从二则失喑的典型病案出发，论述了失喑从辨证到论治的区别。同为失喑，一急一缓，一为暴喑、一为久喑。在症状上均表现为声音嘶哑，说话费力。但病因病机上实质有异。案一是因外感风热邪毒由口鼻而入。《素问·五气生成篇》曰："肺居上焦，名曰娇脏，为身之华盖，外邪入侵，上先受之。"故肺金受邪，失其宣肃 热结于喉窍，气血壅滞，脉络痹阻。此证属祖国传统医学的"暴喑"证范畴，病性偏实。故用麻黄、细辛、诃子辛温发散之品以开喑；红姑娘、黄芩、瓜蒌皮、生地黄、麦冬、玄参苦寒之品与蝉蜕、木蝴蝶、桔梗轻清之品配伍，一升一降能呈宣清降浊、利咽开喑之效；红花、生地黄、玄参活血以助其开喑。诸药相伍，升降相因肺之宣肃有度，血脉通调，诸证自愈。案二是因久治不效，延误病期，病益加重；阴亏津少喉失滋润，声门开合不利，久喑不愈。此证属祖国传统医学的"久喑"证范畴，病性偏虚。《灵枢·脉度》曰："喉为肺之门户，经络众多，久病络伤，遂滞而病焉。"故用麻黄、细辛、诃子与红花、赤芍、牡丹皮、生地黄配伍以活血开喑；瓜蒌皮、木蝴蝶、桔梗、蝉蜕利咽开喑。久病多虚多瘀，山药、黄芪、甘草扶正补虚，以祛邪外出，增强开喑之效。合而成方，以致气津充足，喉之滋润有度，声门开合正常，则诸症自解。

16. 活血化瘀延缓衰老的研究（《浙江中西医结合杂志》2002年第9期）

本篇论文是陈老关于活血化瘀延缓衰老的一篇综述，参考文献46篇，从血瘀至衰的证据、活血化瘀法则在延缓衰老中的运用、活血化瘀延缓衰老的实验研究三方面论述。

（1）血瘀致衰的证据。

其一，气虚血瘀致衰。气血是构成人体和维持生命活动的最基本物质，是五脏六腑四肢百骸进行生理活动的物质基础。人体长期受到七情六淫、劳倦外伤以及各种疾病的影响，首先会引起气血失调，流通受阻，瘀血停滞。随着增龄由瘀血而导致的气血运行涩滞和衰减日趋严重。气血的虚衰和瘀滞使脏腑得不到正常濡养，出现脏腑虚衰，精、气、神亏耗，气的生化作用减退，脏腑生理功能失常，反过来又进一步加重气虚血瘀形成恶性循环，最后导致脏腑功能衰退以致发生多种老年病，加重人体衰老。

其二，肾虚血瘀是导致衰老的一个重要原因。肾为先后天之精，肾精乃人体生命之基本物质，化阳生气生阳，行温养、气化之功推动脏腑功能；化阴生阴血、精髓、津液，行滋润、营养形体与脏腑的功用。正常情况下，肾中阴阳相配，体用结合，阴精充沛，温煦有源，气血旺盛流畅，气机条达，气化升降如常。但随着机体生、长、壮、老必然消耗精气，出现人体自衰即"生理性肾衰"，再由于后天诸因也可损及于肾，导致肾精亏损。因此老年必然存在肾精的虚衰。肾精的不足可致肾精化气无源，无力温煦、激发、推动脏气；精不化血可致阴亏血少，诸脏腑、四肢百骸失其濡养。从而出现三焦气化不利，气机升降出入失常，血失流畅，脉道涩滞乃致血瘀。因此肾虚常兼有血瘀，血瘀又进一步影响了气血运行、津液输布和五脏调和，加重了各脏腑的功能失调。当脏腑功能受损，化源不足，先天失去后天的培补滋养，致肾精日益虚损。如此肾虚导致血瘀，血瘀加重肾虚，形成恶性循环，加速脏腑组织器官的衰老。陈老还提出了"生理性血瘀""生理性肾虚血瘀""隐潜性肾虚血瘀证"以及"老年性肾虚血瘀综合征"的新概念，认为肾虚血瘀反映了不同类型的老年病在其发生、发展过程中具有共性的生理、病理变化规律。

其三，脾肾两虚血瘀致衰。"肾主先天，脾主后天，后天养先天"，脾胃虚弱可使先天肾精失于供养，导致肾虚。然而虚久必瘀，因为肾阳不足，阳虚生寒，寒凝可致瘀；脾胃虚损，气血生化无源，气行血无力可以致瘀；阴虚血少，脉道枯涩也可致瘀。瘀可进一步加重虚，虚是因，因虚致瘀，瘀又进一步加重虚衰，因果交替促进衰老进程。

其四，老年虚瘀的症证及实验室观察。从临床症证来看，老年期可出现明显"虚"的症证如头晕，易疲倦，心悸气短，肢冷畏寒，腰膝酸软，发脱齿摇，性欲减退，健忘耳鸣失聪，流泪多涕，尿余沥难尽，夜尿频数，脉细无力等。以及明显的"瘀血"症证如色素沉着，皮肤粗糙，老年斑出现，巩膜混浊，舌质瘀暗或瘀点，舌下脉络精长扭曲，脉涩、结代等。随着增龄，虚、瘀不断加剧，发展到一定程度就会引起多种老年病，如中风、眩晕、痴呆、胸痹、厥心痛、真心痛、咳喘肺胀、癃闭、淋浊、四肢痿痹不仁等。这些都是血瘀表现，也是最常见加速衰老和死亡的原因。从实验室检测来看，除了在神经内分泌、免疫合成、自由基代谢等发生一系列紊乱外，还表现在：① 微循环异常：健康老人都存在不同程度的微循环障碍。异型管袢显著增多，血管张力明显减弱，乳头下静脉丛明显增多，血液偏暗，血流缓慢，流态异常，袢顶瘀血增多。而虚证患病老人微循环障碍更加严重。光镜下观察到老龄动物的主要脏器有明显微循环障碍、血管壁增厚、管腔狭窄，代谢产物——脂褐素沉积以及细胞间瘀血等病理改变。② 血液流变学异常：老年人血细胞数量减少，有生理性贫血。红细胞电泳时间延长，血沉增高，血小板聚集，红细胞变形能力下降，造成全血黏度增高。血浆黏度也明显增高，主要表现为球蛋白、脂蛋白、纤维蛋白原增多。导致血流缓慢，血管硬化，管腔狭窄，出现"脉不通，血不流"的瘀血病理改变。有研究表明全血还原黏度、血浆比黏度、红细胞电泳、纤维蛋白原异常和青紫舌程度与增龄有明显相关性。

（2）活血化瘀法则在延缓衰老中的运用。

其一，益气化瘀。颜德馨等人依据衰老的本质在于气虚血瘀，认为延缓衰老就需解除各脏器的瘀血现象，使其不断得到气血滋养，纠正脏腑虚衰，使气血由不平衡状态转向新的平衡，以保持脏腑功能的正常发挥。益气化瘀使气能行血，气盛则血流以冀达到气足血活，气通血流，祛病延年的目的。颜氏用益气化瘀的衡法Ⅱ号（黄芪、当归、川芎等）进行了延缓衰老的研究，表明该方：① 能改善临床症状，调节血压和睡眠，振作精神，提高思维能力，增加食欲，对减轻胸闷、心悸等症状尤为明显；② 改善血液流变性，降低血浆黏度，改善微血流状态，加速血液循环，提高脏器的良好血供，维持正常生理功能；③ 提高机体免疫功能，促进淋巴母细胞转化率和 E 玫瑰花环形成，增强抗病能力；④促进机体蛋白质的合成代谢，提高血浆蛋白；⑤保持脏器的正常组织结构，有效地维持正常生殖器官功能和生殖能力；⑥加速细胞内代谢废物的排出，特别是脂褐素的排出，促进老年斑的消退，减少色素沉着。这些生理生化组织免疫等衰老指标的改善，显示了益气化瘀法在抗衰老方面的前景大有可为。韩明向用益气养阴活血寿星宝能改善衰老症状，提高老人记忆力及动作反应能力，延长动物寿命，增强抗氧化能力，改善血液流变性及心肌耐缺氧能力，增加脑局部组织血流量，改善大脑神经递质代谢及机体激素代谢等多种功效。提示益气养阴活血法可在多个环节方面延缓衰老的发生发展。

其二，补肾化瘀。陈老依据衰老的本质是"肾虚血瘀"提出以"补肾化瘀"延缓衰老和防治老年心脑血管疾病。他认为通过补肾化瘀，保证了元阴元阳化源不绝，血脉经络通畅无阻，五脏六腑四肢百骸皆能得到精气的滋养、温煦以维持正常生理功能，延缓了机体的衰老。故研制了以补肾化瘀为主治疗冠心病、脑动脉硬化症的新药——冠心康胶囊和健脑通脉胶囊。冠心康胶囊治疗冠心病心绞痛、心肌缺血改善率均优于单用活血化瘀法或益气化瘀法，同时耳鸣、膝酸、夜尿频或尿有余沥难尽等肾虚症证得到改善。健脑通脉胶囊治疗脑动脉硬化症能明显改善头痛、头昏、耳鸣等症状，提高记忆力，增加脑供血，降低血脂等。

其三，补肾健脾化瘀。依据"脾肾虚挟瘀致衰"的理论，陈老提出"补肾健脾化瘀"延缓衰老的法则，并拟制康寿饮观察发现：能延长小鼠寿命1/5；提高超氧化物歧化酶（SOD）、过氧化氢酶（CAT）活性，明显降低过氧化脂质（LPO）含量；增强老年小鼠脾淋巴细胞DNA抗自然损伤能力，调整免疫促进白细胞介素-2（IL-2）产生；使老年小鼠肾小球基底膜变薄，促使机体代谢废物的排除，减少代谢产物堆积而造成的机体损害；降低血液黏稠度等综合达到延缓衰老的作用，并认为补肾健脾化瘀较单纯补肾健脾更佳。

（3）活血化瘀延缓衰老的实验研究。

以活血化瘀为主的复方或单味药对延缓衰老延年有确切作用，为探索其机理进行了不少的实验研究，主要包括：

其一，对自由基的影响，有充分证据表明衰老时体内抗氧化物质的活性及含量明显降低，自由基代谢物的含量显著升高，自由基损伤正常组织形态和功能完整性，从而使机体出现多种衰老变化。中医辨证的虚证及瘀证患者常有不同程度的自由基代谢紊乱。活血化瘀的方剂能提高老龄鼠 SOD 活力，降低 LPO 浓度，抑制脑组织结构 LPO 的形成，提高动物耐疲劳、耐寒冷和耐缺氧能力，提高衰老老鼠的存活率。益气养阴活血的气血通可降低大鼠衰老死亡率，其抗脂质过氧化的心肌细胞保护作用，可能是抗衰老的重要机理之一。

其二，对神经、内分泌、免疫等的影响。活血化瘀药大黄具有增强补体活性，提高细胞免疫，减少变态反应，提高血清总补体水平，抑制体液免疫而稳定机体内环境；能促进正常小鼠细胞免疫和淋巴细胞增殖；并可保护骨髓细胞免受免疫抑制剂的破坏。川芎嗪、复方丹参液有改善骨髓造血微环境，从而促进造血的作用。三七总皂甙对小鼠多能造血干细胞的增殖具有明显促进作用。三七水煎剂对小鼠自然杀伤细胞、巨噬细胞、抗原结合细胞和抗体分泌细胞的活性均有促进作用，三七多糖可促进巨噬细胞和抗体分泌细胞的活性。丹皮酚可增强单核巨噬细胞系统的功能和免疫应答。三七、当归能提高肾上腺皮质功能。随着增龄蛋白质合成能力降低，DNA 消耗，某些 RNA 成分合成能力下降，而导致细胞衰老加速。三七能促进 DNA、RNA 及蛋白质的合成，因此对延缓细胞衰老起着积极作用。益气活血方对自然衰老气虚血瘀证大鼠的神经内分泌、免疫调节的影响，结果显示可明显改善大鼠去甲肾上腺素（NE）、皮质醇、雌二醇、睾酮、IL-2、肿瘤坏死因子、腺淋巴细胞转化，诱生 IL-2 及自然杀伤细胞活性，提示益气活血方可有效增强衰老机体神经、内分泌、免疫调节功能，维持机体内环境稳定。

其三，对血液流变性、微循环等的影响。益气活血方对自然衰老气虚血瘀证大鼠的全血黏度、血浆比黏度、红细胞压积、红细胞电泳时间等的明显异常，有显著改善作用。丹参可影响老龄鼠血浆中可溶成分、红细胞变形性及聚集性。当归可使雌性老龄鼠全血比黏度降低及红细胞电泳加快。复方活血片能明显改善原发性高血压红细胞流变性，降低全血黏度，降低血压，改善临床症状。许多研究表明活血化瘀药能改善老人的血液流变性异常、微循环障碍，消除瘀血，恢复血脉的流畅，改善脏腑组织的血液供应，维持正常的生理机能，在延缓器官机体衰老方面有积极作用。

17. 降脂通便胶囊治疗阴虚血瘀型高脂血症 41 例临床初探(《实用中医药杂志》2006 年第 1 期）

降脂通便胶囊是陈老在中医理论的指导下，经过多年的临床观察总结，反复筛选，自制的治疗阴虚血瘀型高脂血症的中药院内制剂。该药由何首乌、赤芍、丹参、生山楂、决明子等组方制成。方中何首乌补肝肾、益精血，不腻不燥，丹参、赤芍活血化瘀；生山楂化瘀消痰；辅以决明子降脂平肝。诸药合用，具有补益肝肾、化瘀降脂之功效。降脂药物需要长期应用以巩固疗效，为避免药物的毒副作用且充分保证降脂效果，用药基本选用药食两用植物。

本研究为临床初探，观察该药治疗阴虚血瘀型高脂血症的临床疗效。共纳入 41 例均为我院门诊和住院病人，其中男 18 例、女 23 例，平均年龄 57 岁。轻度血脂升高者 12 例，中度血脂升高者 15 例，重度血脂升高者 14 例。高胆固醇血症 9 例，高甘油三酯血症 24 例，混合型高脂血症 8 例。并发高血压病 14 例，冠心病 3 例，高血压及冠心病 14 例。方法：降脂通便胶囊（何首乌 18 g，赤芍、决明子各 15 g，丹参 10 g，生山楂 12 g，1 粒相当于原生药 4.25 g）3 粒，每日 3 次，服用 4 周。治疗前及服药后 4 周测血总胆固醇、甘油三酯、高密度脂蛋白胆固醇，并观察服药后不良反应。按《中药新药治疗高脂血症的临床研究指导原则》制定疗效评价标准。临床控制：临床症状、体征消失或基本消失，实验室各项检查恢复正常，症候积分减少≥95%。显效：临床症状、体征明显改善，TC 下降≥20%，或 TG 下降≥40%，或 HDL-C 上升≥0.26 mmol/L，症候积分减少≥70%。有效：临床症状、体征均有好转，TC 下降≥10%但＜20%，或 TG 下降≥20%但＜40%，或 HDL-C 上升≥0.104 mmol/L 但＜0.26 mmol/L，症候积分减少≥30%。无效：临床症状、体征无明显改善,甚或加重,血脂检测未达到以上标准,症候积分减少不足 30%。治疗结果显示：临床控制 19 例（46.3%），显效 8 例（19.5%），有效 10 例（24.4%） 无效 4 例（9.8%），总有效率 90.2%。证实降脂通便胶囊在有效降低 TC、TG、LDL-C 同时可明显改善高脂血症患者阴虚血瘀主要症状。不足之处在于观察病例较少，应进一步开展相应研究，准确了解该药降脂作用及不良反应。该研究虽然病例不多，但为后续的临床研究奠定了基础。

18. 脾阴虚证治举隅（《中医药临床杂志》2006 年第 4 期）

纵览诸家医籍，论述脾阳虚者多，脾阴虚者少，使后学难以效仿，且脾阴虚证可以出现在多种慢性疾病发展过程中的某一病理阶段，或为主证，或为兼证，或为气阴两虚，或与其他脏阴虚并存，导致临床表现不典型而被忽略。若误投滋腻养阴、甘温益气之品，则可以产生碍脾运湿、助火伤津之弊，反贻误病情。

陈老从二则医案入手，论述了脾阴虚的常见临床表现、病因病机及辨证用药治疗经验。二则验案具有相同的病因，长期出汗或便溏导致津液的慢性丢失，日久必然引起体内津液的亏损，使脏腑失于滋润濡养而引起功能失调。《素问·经脉别论》谓："饮入于胃，游溢精气，上输于脾，脾气散精，上归于肺……"阐述了脾在津液代谢中的重要作用。体内津液的慢性丢失主要导致脾脏阴液的亏损，脾阴不足则不能将水谷精微转运至五脏六腑，导致其他脏腑阴液不足。脾阴虚，不能转输津液上承于口，故口干；津液不能濡润肠道，故纳差、腹胀；四肢肌肉失于津液的滋润而见形体消瘦；舌体失于濡养见舌质红。如前所述，脏腑与津液在病理上互相影响，脾阴虚难以转输水谷津液，使水走肠间，加重便溏之症；脾阴虚亦使阴阳失去相对平衡，阳气不能役使于外，难以固护阴津，使汗出有欲脱之势。治疗脾阴虚，缪希雍以石斛、木瓜、牛膝、白芍、酸枣仁为君，生地黄、茯苓、枸杞、黄柏为臣，甘草为使，等等诸药，皆为酸甘柔润之品。今用山药、芡实、茯苓、扁豆、鸡内金、谷芽、麦芽、糯稻根、莲子、建曲、薏苡仁等甘淡之品补脾阴，因甘味入脾，脾阴亏虚，甘味用之能补脾；淡味用之能渗湿，脾喜燥恶湿，淡味用之最符合其生理特性。例 1 兼补心肺之阴，例 2 兼补肾阴，皆佐用益气之品如黄芪、太子参等，如此可使气阴双补，阴阳不致引起失衡，遵循了《内经》"阴平阳秘"之旨，故收到桴鼓之效。

19. 中西医结合防治高血压病的切入点（《中医药临床杂志》2007 年第 2 期）

论文从高血压病的危害入手，论述了西医、中医在治疗高血压病方面各有所长，各有所短，作出了客观的评价。西药的优势：降压作用较强；降压迅速，尤其对高血压病急症，降压药作用迅速；长效药物问世，6 大类降压药中均有服用 1 次使血压 24 h 保持平稳的药物；对某些靶器官的损害有逆转作用。西药的不足之处：几乎所有的降压药，均存在程度不等的不良反应；降压过程中血压波动大，特别是早期或老年人高血压，对西药降压非常敏感，一用药血压就降得很低，甚至发生体位性低血压；长期使用某种降压药，可能产生耐药性；用药后血压虽已降至正常，但临床自觉症状改善不理想。中医药的优势：采用"天人合一"整体观念，辨证施治的思维方式指导临床对高血压的预防和治疗；改善症状效果明显，能有效地提高患者的生存质量；降压作用缓和，稳定血压效果好，对早期老年轻度高血压以及较严重高血压配合治疗均可防止或缓和血压的较大波动；中药副作用少，与西药合用能减量、减毒、增效。中医药的不足之处：服用不如西药方便；不如西药降压迅速；无长效制剂。中医、西医治疗高血压各有优势及不足，因此找到中西医结合防治高血压病的切入点尤为重要。

（1）基础研究。

在基础理论研究方面，运用中医学的理论对高血压的病因、病机、病理、分型、疾病的转归等的研究。陈可冀教授等认为：高血压病患者一般交感神经兴奋性、儿茶酚胺分泌水平较高，证属中医学的肝阳上亢及阴虚阳亢之体质。根据高血压的发生发展进程主要分为肝阳上亢型、阴虚阳亢型及阴阳两虚型。可兼夹痰浊及（或）血瘀之征。高血压前期多素体肝阳上亢或长期郁怒不遏，耗伤肝阴，使肝郁化火；先天禀赋不足；后天嗜酒肥甘或饥饱劳碌致脾失健运，构成了初始病因。随着病情的发展可出现痰湿中阻、气血亏损、肾阴不足、阴虚阳亢等中介病机。高血压病形成以后，上述初始或中介病机仍存在或进一步发展，则会使内伤积损也进一步发展，引起脏腑失调，阴阳偏盛更为加剧。如果气血瘀阻于脑，则可出现脑梗死而卒中；或瘀阻于心则为胸痹、心绞痛、心肌梗死等；如果气血上逆，挟痰挟火于清窍，则可出现脑出血而卒中。如果内伤积损日久，伤于肾脾，使肾失开合，脾失运化，水湿内停，即发生水肿，肾功不全等病证。有人对高血压病总的病机归纳为阴阳失调，痰瘀互结，一般早期以阴阳失调为主；中期以痰瘀互结为重；发展至后期，出现中风、冠心病、心衰和肾病、肾衰则痰瘀互结、凝滞尤甚。

在实验室研究方面，现代医学对高血压病的研究已经深入到分子基因水平，如何以现代医学科学技术为依托来开展中医结合防治高血压病的研究是非常必要的。许多研究者分别从体液、性激素、免疫、血液、循环等方面探讨与高血压病中医证型的关系，为中医辨证的客观化作了积极的探索。一些研究工作围绕靶器官的损害与中医证型的关系也做了不少探索性的工作。

（2）药物的研究。

其一，以整体观念、辨证施治为根据。根据肝阳上亢、气滞血瘀、阴虚阳亢、阴阳两虚、痰湿中阻、气血亏损、肾阴不足的不同表现，可分别选用平肝潜阳、理气活血、滋阴潜阳、调补阴阳、化痰祛湿、益气补血、调理心脾、滋阴补肾之天麻钩藤饮、血府逐瘀汤、杞菊地黄汤、左归丸、右归丸、半夏白术天麻汤或归脾汤辨证使用。

其二，研究有效经验方。前人或现在都有不少报道，应认真筛选，按循证医学的要求来寻找。

其三，研究各种剂型，包括速效、缓效及长效剂型的中药制剂。传统中药汤剂，虽然药效好，但难长期服用。因此积极研究服用方便、疗效持久的中药制剂是努力的方向，心脏方面比如就有速效救心丸，冠心滴丸等类似品种。

其四，单味中药及有效成分的研究。目前有明显降压作用的中药的有效成分有汉防己（有汉防己甲素和异汉防己甲素）、白花前胡（前胡丙素）、钩藤（钩藤总碱）、葛根（葛根素）、罗布麻、小檗碱、莲心碱、淫羊藿、杜仲、野菊花、莱菔子等。

其五，探索研究防治靶器官损害的药物。高血压病主要的靶器官损害涉及动脉、心脏、肾脏、脑、眼底等组织和器官，其中最重要的是左心室重构和血管重构，可引起心、脑、肾、视网膜的并发症。颈动脉粥样硬化是最常见的血管重构损伤之一，是缺血性疾病的主要危险因素。

有学者认为，引起高血压病左心室肥厚和颈动脉粥样硬化的主要病理机制是在阴阳失调的基础上出现血瘀、痰浊，高血压病左室肥厚以血瘀为主，兼有痰浊；而颈动脉粥样硬化则以痰浊为主，兼见血瘀或痰浊与血瘀并见。关于靶器官的中医治疗，应以中医传统理论为指导，遵循辨证和辨病相结合，宏观辨证和微观辨证相结合，传统中医理论和现代中药药理研究成果相结合的原则，在辨证施治、调整阴阳的基础上，选方用药中重视活血化瘀、祛痰降浊药物的应用。具体药物主要选用活血、化痰中有扩张血管，改善微循环和降低血脂的药物，活血药如丹参、川芎、红花、赤芍、苏木等。

现代研究认为其抑制左室肥厚的机制主要通过扩张血管，抑制心肌局部和血液中血管紧张素Ⅱ的合成与释放，抑制胶原合成和间质的增生，增加冠脉血流量，改善心肌缺血，抑制血小板聚集等作用而实现，可能还有更深层次的分子机制正在研究中。具有降脂、抗动脉粥样硬化作用的中药主要有活血化瘀类，如蒲黄、丹参、赤芍、川芎等的成分和提取物及大黄䗪虫丸等；除湿化浊、祛痰散结类，如泽泻、决明子、大蒜等。

目前中医药防治血管硬化、肾损害、眼底损害等的研究极少和缺如。今后应以中医辨证施治为指导，结合现代科学成果和手段加强或开展这方面的临床和科研工作。

（3）非药物治疗。

美国JNC7关于高血压前期的健康新理念，极大地加强了人们的危险意识。有资料表明，许多心脑血管卒中即发生在此期，具有随血压增高升高之势。资料更显示，中年和中年以上者高血压的余生风险为90%，或55岁血压正常者，90%在以后的生命过程中会发生高血压。这是多么巨大的公共健康负担。因而积极开展高血压的一级预防非常重要，提示人们应该开始注意生活方式的调整，预防高血压的发生发展。科学技术和人类健康意识发展到今天，人们再不应是消极地等待高血压的到来，而应是积极启动起来，遏制其发生及发展。中医学在古代早有"未病先防"的理念。现实及未来社会的发展更加呼唤对健康理念的重视。

随着对疾病发病机理的认识从生物医学模式向生物-心理-社会医学模式的转变，认为心理、社会因素对高血压的发生、发展过程起着重要的作用。因此，在积极探索有效、价廉、副作用少的抗高血压药物的同时，探索高血压病的非药物治疗方法更具有重要意义。

1995年世界高血压联盟的"维多利亚宣言"提出合理膳食、适量运动、戒烟限酒、心理平衡为人类心脏健康的"四大基石"，再次将非药物措施列为预防和控制高血压等心血管病的基础。非药物治疗包括饮食、运动、音乐疗法、环境疗法、推拿及针灸等。高血压的非药物治疗理念，就是对高血压病的治疗从单纯药物依赖转向药物和非药物的结合治疗。非药物治疗对高血压前期和1、2级高血压疗效较好，可根据每个人的具体情况、条件选用不同方法，如能坚持，可替代部分药物疗法，方可作为药物疗法的辅助疗法，以达到逐步减小药物剂量和巩固疗效的作用，并可减轻患者的经济负担。

我们综上：高血压的非药物治疗不但有效，而且疗效稳定，经济实用，易于掌握，病人乐于接受，无副作用，便于普及和推广。随着医疗制度的改革，高血压的非药物治疗更具有现实意义。

20. 代谢综合征的血管损害与肾虚血瘀证关系研究（《河南中医》2011 年第 1 期）

随着代谢综合征（MS）这个新型的疾病概念越来越受到人们的关注，本文旨在从 MS 的血管损害与肾虚血瘀的关系，探索对 MS 早期血管损害的中西医结合防治思路。

（1）MS 与血管的损害。

既往对高血压、冠心病、脑血管病、糖尿病等的发病机理的认识，常常是孤立的考虑。糖尿病与高血压、心脑血管病的关系，也是从糖尿病晚期大血管并发症来分析。随着对 MS 的深入研究，尤其是共同土壤学说的提出，对这些疾病的发病机理有了新的认识。

Stern 提出"共同土壤"学说认为胰岛素抵抗（IR）及其引发的代谢紊乱是产生冠心病、糖尿病及高血压的共同土壤。人体的胰岛在生命过程中，根据不同代谢需求分泌胰岛素，而机体各组织器官则利用胰岛素完成正常代谢过程，由于遗传缺陷、膳食不合理、吸烟、酗酒、缺少运动、超重肥胖、应激、心理失衡以及药物等因素互相作用，使机体在正常生理情况下，利用胰岛素的能力逐渐降低，机体为了完成代谢过程，胰岛 B 细胞代偿性地增加胰岛素的分泌量，使血液胰岛素增加，形成高胰岛素血症。长期高胰岛素血症可以对机体产生一系列不良影响，促使高血压、糖尿病和心血管疾病的发生。

IR/高胰岛素血症与 MS 一系列异常的发生有关，包括糖耐量降低或糖尿病、高血压、血脂异常、血凝状态及纤溶系统活性异常、血管内皮功能异常等，其中每一项都可能是 AS 的危险因素、病理学基础，最后导致 AS 的发生，乃至斑块的破裂及血栓的形成。MS 初始可无症状，随着 IR 诱导的多物质代谢紊乱，对血管的影响，心、脑、肾及外周血管均可发生明显的损害。

（2）MS 的血管损害与肾虚血瘀。

中医对 MS 的认识是根据 MS 的证候群如体胖、腹满、口渴、易疲劳、眩晕、头昏痛、胸闷或胸痛等，而分别辨为肥胖、消渴、眩晕、胸痹等病症。对 MS 的病因病机分析多认为：先天禀赋不足，缺乏运动、饮食不节、过食肥甘、忧思郁怒、劳伤心脾、肝胆失舒、年老体衰、肾气不足等多种病因均可导致脏腑阴阳气血亏虚，调摄功能紊乱，行血化津祛浊无力，从而变生血瘀痰浊，郁滞血脉络道，而呈本虚标实之症。由于阻滞不同的部位而产生相应的症征，构成了 MS 的临床症状群。

通过长期的临床研究，发现 MS 血管损害与肾虚血瘀有着紧密的关系。肾藏先后天之精，肾精乃人体生命之基本物质，化阳则化气生阳，行温养、气化之功，推动脏腑功能；化阴则生阴血、精髓、津液，行滋润、营养形体与脏腑的功能。正常情况下，肾中阴阳相配，体用结合，阴精充沛，温煦有源，气血旺盛流畅，气机条达，气化升降如常。但随着人体生、长、壮、老的过程，必然消耗精气，再由于后天诸因也可损及于肾，导致肾精亏损。因此老年必然存在肾精的虚衰，肾精不足可致精化气无源，无力温煦、激发、推动脏气；精不化血可致阴亏血少，诸脏腑、四肢百骸失其濡养，从而出现三焦气化不利，气机升降出入失常，血失流畅，脉道涩滞乃致血瘀。因此肾虚常兼有血瘀，血瘀又进一步影响了气血的运行，津液输布和五脏调和，加重了各脏腑的功能失调。当脏腑功能受损，化源不足，先天失去后天的培补滋养，致肾精日益虚损，如此肾虚导致血瘀，血瘀加重肾虚，形成恶性循环加速脏腑组织器官的病变和衰老。可以认为肾虚血瘀是衰老和多种心脑血管疾病的主要病理基础。

根据中医辨证，MS 的高脂血症、冠心病、脑动脉硬化症、高血压病、脑血管意外、老年痴呆、糖尿病等，除了它特征性的原发病症以外，几乎每种病都共同存在不同程度的肾虚血瘀证。现代医学可以从"共同土壤"说来分析其各自的发病机理，然而以中医整体观念为依据，进行脏腑辨证，发现尽管其病位在各脏腑，但究其本、其根仍在肾，与肾虚血瘀有关。临床可见，头昏、头痛、眩晕、耳鸣、胸闷、胸痛、腰膝酸软、四肢痿痹不仁以及皮肤色素沉着、皮肤粗糙、老年斑出现，巩膜混浊，舌质瘀暗或瘀点斑、舌下脉络粗长扭曲、脉涩、结代等肾虚血瘀证。实验室检查提示不同的疾病，在神经内分泌、免疫、合成代谢、自由基代谢方面都发生类似紊乱。血液流变学异常可引起微循环障碍，血液浓、黏、凝、聚，血流缓慢，流态异常，血管硬化，管腔狭窄等"脉不通，血不流"的瘀血病理改变。因此，各种疾病出现的具有共同特征的肾虚血瘀证，可以被称为"肾虚血瘀综合征"。它反映了MS不同类型疾病在其发生发展过程中具有共性的生理病理变化规律，表明肾虚血瘀可能是MS血管损害的主要病理基础。

（3）补肾化瘀法在防治MS血管损害中的运用。

在MS的早期阶段，在肾虚血瘀的基础上，各脏腑的亏损及由此而导致气、血、津液的紊乱产生一系列症状群。而随着MS的发生、发展，肾虚血瘀而致的脉络瘀阻为其根本损害，呈现本虚标实之证。因而在MS的早前阶段，应采用补肾化瘀法为主，预防或延缓MS血管损害；在MS血管损害形成后，应更积极地采用补肾化瘀法治疗，减轻或改善各脏腑的损害，阻止其发展。通过补肾化瘀保证了元阴元阳化源不绝，血脉经络通畅无阻，五脏六腑、四肢百骸皆能得到精气的滋养、温煦以维持正常生理功能；预防或治疗MS造成的血管损害。临床及动物实验研究证实：补肾活血化瘀药可增加心脑血管血流量，解除血管痉挛，降低血压；降低心肌耗氧，改善心脑功能，改善血脂代谢紊乱，减轻脂质沉积和斑块形成，甚至还可促进斑块的软化、吸收和缩小；改善微循环，加速侧支循环的形成，增加血流量，改善凝血、纤溶功能异常，抑制血小板聚集，增加纤维蛋白溶解，抗血栓形成；改善血液流变学异常，降低血液浓、黏、凝、聚状态。改善IR，提高胰岛素敏感指数，改善血管内皮功能，纠正氧自由基代谢紊乱；调节炎症因子的生成和表达。随着病理损害的改善或消除，患者的临床症状也相应改善或消失。

在对高脂血症、冠心病、脑动脉硬化症、高血压病、脑血管病、老年痴呆、糖尿病等运用补肾化瘀法治疗后，患者的头昏、头痛、眩晕、耳鸣、记忆力下降、失眠、胸闷、胸痛、心悸、乏力、口干、夜尿频或尿有余沥难尽等肾虚血瘀证均得到相应的改善。由此认为以肾虚血瘀的发病机理去认识MS血管损害，抓住其"肾虚血瘀"的基本病理特征，以中医"上工治未病"的思路为指引，早期运用补肾化瘀法去预防或延缓MS血管损害，将有广阔的前景，值得从理论、临床及实验室深入研究。

二、代表著作

《肾虚血瘀理论的实践与探索》（2017 年，四川科学技术出版社）

《肾虚血瘀理论的实践与探索》是以陈老为主编，由他的学生代笔完成的关于陈老从临床实践到理论创新，再到临床实践的一部著作。书中共分为六章。

第一章主要论述了肾虚血瘀理论的学术地位及其应用价值，包括对肾虚血瘀理论的内涵诠释等，陈老率先提出"肾虚血瘀导致衰老"的理论，并认为肾虚血瘀与衰老有着密切的关系，进一步提出并阐述了"生理性血瘀""生理性肾虚血瘀""隐潜性肾虚血瘀证""老年性肾虚血瘀综合征"等新的学术观点。第二章为肾虚血瘀理论的实验研究，包括肾虚血瘀理论的实验依据及补肾化瘀法则的实验研究。第三章论述了肾虚血瘀理论在中医衰老与养生中的应用，继承和发展了中医衰老理论，根据肾虚血瘀理论及中医"治未病"思想，创立以补肾化瘀为主要治则进行老年病防治，达到延缓衰老的目的。第四章则主要论述了肾虚血瘀理论在防治常见老年心脑血管疾病中的应用，如脑动脉硬化（脑络痹），老年血管性痴呆（呆病）、高血压病（眩晕）、脑血管意外（中风）、冠心病（胸痹心痛）及老年心力衰竭（心衰病）、高脂血症（血浊）、代谢综合征等，并结合现代医学研究，阐述了肾虚血瘀理论与动脉粥样硬化的关系。第五章是临证发微，介绍了不同活血化瘀法的基础用药及益气、解毒、行气、温经、除痹活血化瘀法。详细记录了陈老常用中医方剂的临床应用，并举以实例，及陈老对杂病的认识及治疗策略，每个杂病后均附有病案。第六章为新药研究方面的论述，包括以补肾、填精、益气、活血化瘀为治则，主治大脑动脉粥样硬化症肾虚血瘀型所引起的头昏、头痛、耳鸣、失眠、记忆力下降、腰膝酸软、夜尿频、舌质紫暗或见瘀斑瘀点、脉涩或细弦等症征的健脑通脉胶囊，及在健脑通脉胶囊基础上改良的健脑软脉方防治脑动脉硬化，软脉化斑颗粒防治颈动脉斑块的药学研究，治疗冠心病心绞痛的冠心康胶囊的研究及降脂通便胶囊的研究的课题。

学术年谱

川派中医药名家系列丛书

陈学忠

- 1953 年，出生于四川成都。
- 1969 年，到仁寿县知青下乡。
- 1970 年，就职于四川化工机械厂。
- 1971—1973 年，到成都中医学校学习，跟师蒲辅周先生的学生胡翔林老师、袁怡云先生学习。
- 1977 年，于泸州医学院学习西医。
- 1982 年，于同济医科大学攻读硕士学位，跟随钱振坤、舒沪英、叶望云、李鸣真等知名专家学习。
- 1985 年，取得中西医结合硕士学位，就职于四川省中医研究所。
- 1992 年，参加首届全国中西医结合高级研修班。
- 2003 年，成为第三批全国老中医药专家学术经验继承工作指导老师。建立四川省陈学忠名中医工作室。
- 2004 年，主持研究的健脑通脉胶囊，获国家药监局临床批文及四川省科技进步三等奖。
- 2005 年，获得具有补肾健脑、化瘀通脉作用的中药专利。
- 2008 年，获得具有补肾化瘀、健脑软脉作用的中药专利。担任第四批全国老中医药专家学术经验继承工作指导老师。
- 2009 年，获得具有补肾强心、化瘀通络作用的中药专利。开发新药健脑软脉颗粒。
- 2010 年，开发新药软脉化斑颗粒。
- 2011 年，经国家批准建立全国陈学忠名中医传承工作室。
- 2013 年，获第十批四川省学术和技术带头人荣誉。
- 2015 年，享受国务院政府特殊津贴。任四川省老年医学会副会长。
- 2017 年，担任四川省老年医学学会中西医结合专业委员会主任委员。担任第六批全国老中医药专家学术经验继承工作指导老师。